主はわたしの羊飼い

詩編1編、8編、23編の講解

マルティン・ルター◉著
金子晴勇◉訳

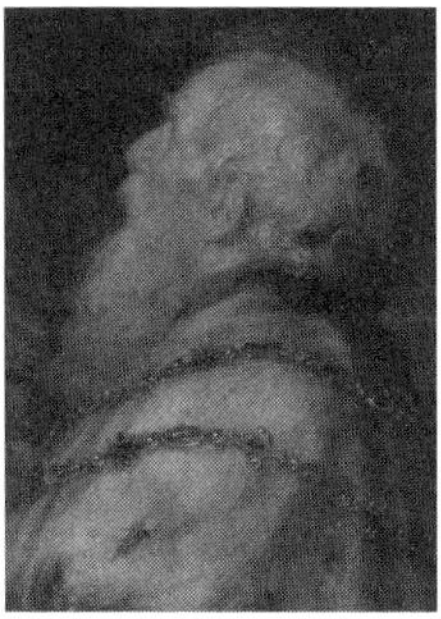

教文館

訳者まえがき

本書はルターの多くの詩編講解の中から比較的短くて優れた内容のものを選んで翻訳したものです。わたしはこれまでルターがその思想の円熟期に大学で行った詩編講義を三つほど訳しましたが、いずれの作品もかなり大がかりな講解と言えるでしょう。というのはその三つの作品はいずれも詩編の一編だけを講解したものなのに、すべて二〇〇頁を越えるものばかりであったからです。このような大がかりな講解でもその内容が豊かでしたので、多くの方々に歓迎されました。

もう二年前のことですが、教文館の出版部にお勤めの髙木誠一さんから、ルターの詩編講解は素晴らしいので、できたらもう一冊翻訳してくれませんかとの依頼を受けました。そのときわたしはもう高齢になっているので比較的小さな作品でしたら、訳してみてもよいです、と答えました。そこで彼と相談して、キリスト者にとって日ごとの信仰の糧になり、身近に感じる詩編を選択しました。中でもみんなに親しまれている詩編第一編を訳したいと思いました。しかしルターの作品の中ではこの詩編だけを単独に講解したものはなく、『第二回詩編講義』（一五一九―二一）から選ばざるを得ませんでした。次には人間論を扱った第八編を訳してみましたが、これは予想に反してキリスト論が詳細に説かれたものでした。なぜこうなったかは解説で説明しておきましたが、実はこのキリスト論は信仰的に見て重要であることが分かり、とても意義深い訳業となりました。最後の第二三編は期待していたとおり実に見事なものでした、これにまさって座右に置いて日ごとの導きにしたいものはないと思います。

本書で使用したテキストのワイマル版とヴァルヒ版に関してドイツにおられる木村あつかさんにお世話になりました。また詩編第一編が入っている『第二回詩編講義』ではアルヒーフ版（ワイマル版の新版）をもっていますが、第一編に関してはほぼ同一であるため、使用しませんでした。

この訳業が終わりに近づいた頃、持病が悪化し、手術を受けるべく二回にわたって入院しました。退院後、余命いくばくもないと感じたので、訳業が不完全であるにもかかわらず、急いで教文館に送りました。

今回、新たに教文館出版部の編集のお仕事を開始された豊田祈美子さんには面倒な校正の仕事を助けていただき、そのおかげで出版にまで至ったことを心から感謝したいと思います。

二〇二一年七月一〇日

金子晴勇

目　次

装幀／熊谷博人

マルティン・ルター

詩編一「流れのほとりに植えられた木の幸い」の講解（一五一九）

一　不敬虔な者たちの計らいに歩まなかった人は幸いです。
また彼は罪人らの道に立たない。
そして疫病の〔教職〕座に座らない人も〔幸いです〕。
二　だが彼の意志は主の律法にあって、彼は昼も夜も主の律法を省察する。
三　そして彼は水の流れのほとりに植えられた木のようになるでしょう。
それはときが来ると実を結ぶでしょう。
またその葉もしぼまないでしょう。
その人のすることはすべて繁栄するでしょう。
四　不敬虔な人たちはそうではない、そうではないのです。
彼は地表から風が吹き飛ばす籾殻のようです。
五　それゆえ不敬虔な者たちは裁きに堪えず、罪人たちは義人の集いに堪えないでしょう。
六　なぜなら主は正しい者たちの道を知り、不敬虔な者たちの行路は滅びに至るから。

幸福について探求することは、死すべき者には共通しています。楽しく過ごすことを願わない人は一人もいませんし、ことがうまく行かないとき、それを嫌がらない人もいません。それにもかかわらず、そういう人たちがどんなに多くいても、彼らは皆、真の幸福の理解からそれていました。しかも哲学者のように幸福をもっとも熱心に探求した人たちは、幸福からもっとそれてしまったのです。哲学者の中でもいっそう高尚な人たちは、幸福を徳や徳のわざに置きました。それによって彼らは他の人たちよりもいっそう不幸となり、この世と来世のよいものを同様に奪われてしまいました。それに対し、さもしい民衆は幸福を肉の快楽に求めて、ひどい愚劣なことに耽っていましたが、少なくとも現世のよいものを奪い取りました。だが、この詩編では天から声が響いて、人間のあらゆる努力を弾劾し、唯一の、すべての人に知られていない〔幸福の〕定義を告げています。それは「神の律法を愛する人は幸いである」ということです。これは短い定義ですが、すべての人間の思い、とりわけ知者の思いに逆らう意味があります。そうはいってもわたしたちはまずは言語学的な表現を探求しましょう。だがこのことは神学的な視点からなされねばなりません。

第一節

不敬虔な者たちの計らいに歩まなかった人は幸いです。
また彼は罪人らの道に立たない。
そして疫病の〔教職〕座に座らない人も〔幸いです〕。

不敬虔な者たちの計らいに歩まなかった人は幸いです。

〔幸いという〕ヘブライ語のテキストは複数形で「アシュレー」（Aschre）すなわち「幸いな人たち」もしくは「幸いな状態」と言い、その人は「迷わなかった人たち……」であって、また言ってみれば、その人たちには万事がうまく行くのである、等々。あなたがたは〔幸福について〕何を議論しているのですか。あなたがたは何と空しい結論に達しているのですか。神の律法を愛し、不敬虔な者たちから引き離されていたという、あの一つの真珠をもし誰かが発見したなら、その人にはすべてが最善なものとなります。それを発見しないなら、すべての宝を求めても、一つも見いださないでしょう。というのも清い者らにはすべてが清いように、愛している者にはすべてが愛らしく、善い人たちにはすべては善いからです。こうして一般的に言えることは、あなたがある通りに、神自身もあなたにとってあり、ましてや被造物もそのようにあるのです。神が選ばれた者にとって選ばれた者であり、ひねくれた者にはひねくれた者であり、聖なる者には聖なる者であるなら（詩一八・二六―二七）、悪しき者には善い者ではなく、主の律法を喜ばない者には何ものも喜ばしくない。

「人」という言葉は聖書では三重の意味で使われています。大人・男性・徳を表します。大人の表現は、コリントの信徒への第一の手紙一三・一一「大人になったとき幼子であったときのことを捨てた」に見られます。男性の表現は、マタイ福音書一・一六「ヤコブはマリアの夫ヨセフを生んだ」とあり、ヨハネ福音書四・一六「行って、あなたの夫を呼んできなさい」とあります。徳の表現は、サムエル記上二六・一五「ダビデはアブネルに言った、〈お前も男ではないのか〉と」にあります。まさしくこの第三の表現で「人」とここで呼ばれています。それはこの幸いから女性を排除しないためです。

「歩まなかった」（の「歩む」）はヘブライ語「ロー・ハーラハ」（lo alach）にもっと即して言うと、「さ迷わなかった」、「参加しなかった」、「踏み込まなかった」ということで、ギリシア語のテキストでは「ウーク・エポレウテー」（歩みにはいらない）としています。しかし聖書の習慣的表現では「歩む」と「参加する」が「生きる」や「交際する」を転義的な意味で言っていることはよく知られています。たとえば詩編一四（一五）・二に「汚れることなく入ってくる者」とあり、詩編一〇〇（一〇一）・六には「汚れのない道を歩む人はここでわたしに仕えていた」とあり、ローマの信徒への手紙八・一には「肉にしたがって歩まない者は、罪に定められません(1)」とあります。

「計らい」はここでは疑いの余地なく「原則と教え」として理解されています。というのも確かな原則と法律によって形成され、かつ、維持されないと、人間的な生活の営みは成り立たないからです。だが詩編作者はこの言葉でもって不敬虔な者らの高慢と避けるべき無分別を非難します。その理由は第一に、彼らが主の律法にしたがって歩もうとしないで、自分の計画にしたがって勝手に行動するからです。次に、彼らが計らいと呼んでいるのは、思慮や誤ることがない道のように聞こえるからです。というのは、彼らが彼らの目には思慮深くあっても、自分自身のもとでは自分らの誤謬を思慮や輝かしい行状の見かけでもって装うからです。もし彼らが明白な誤りでもって人々を誘惑するなら、彼らと一緒に歩まないことは、幸いであるという大きな称賛にはならなかったでしょう。確かに詩編作者は、「不敬虔な者たちの愚かさに」や「罪人らの誤りに」〔したがって歩む〕とは語っていません。したがって、わたしたちがよい見かけに警戒するように、光の天使に変貌した天使サタンがその策略でもってわたしたちを誘惑しないように（Ⅱコリ一一・一四を参照）、とても熱心にわたしたちに警告しています。だが彼は、わたしたちが羊の衣を着た狼たちに注意するようになるように、不敬虔な者たちの計らいを主の律法と対立させます（二節を参照）。というのも、この狼らは何もできないくせに、すべての人に忠告し、教え、助けようと構えているからです。

ヘブライ語で「ラーシャア」（rascha）と呼ばれる「不敬虔な者」が聖ヒラリウスによって神のことを悪く考えている者と呼ばれているのは、きわめて正しいです。確かに不敬虔というのは本来的な意味では不信仰という悪徳であって、心で遂行されていますが、それはさまざまに、かつ、変転する仕方でもって翻訳されてきました。それゆえ、あなたは神に対する信仰と不敬虔というこの二つを、神の律法と人々の計らいのように、つねに対立的に設定しなさい。というのもわたしたちが敬虔と不敬虔について討論しているとき、諸々の道徳ではなく、諸々の信念、つまり道徳の根源が問題になっているからです。神に対し正しい信仰をもっている人は、善いことをなし、よい道徳を実行することのほか何もすることができません。正しい人が一日に七度倒れても、その都度立ち上がります〔箴二四・一六を参照〕。しかし不敬虔な人は悪いことに転落すると、立ち上がれません。この人たちは不信仰ですから、善いわざを何もすることができません。彼らが行うすべては、美しい外観を呈していても、自分を欺き、単純な人たちを誘惑する、あのベヘモットの影なのです〔ヨブ四〇・一五以下を参照〕。したがって敬虔な者は信仰から生きる人であり〔ロマ一・一七を参照〕、不敬虔な者は不信仰に生きている人なのです。

だが、わたしたちは一人の罪人をすでに見ることができるでしょう。この人は外的人間としては不敬虔です。なぜならあなたは心の隠れたところにある計らいと不敬虔を見抜いていないからです。したがって彼〔詩編作者〕は外に現れているわざ、道徳、努力について語り、これを道と呼んでいます。というのも計らいが行動に移され、よく言われるように実践され、彼らの内的な悪い考えが外的にも働いているからです。ですが、この道は、わたしが前に言ったように、敬虔な人たちの道よりも通常いつも美しく見えるのです。なぜなら彼らが粗野な罪人であるなら、このような警告がなくとも、皆、容易に警戒するか、少なくともそれと認識するからです。

「立った」〔一節b〕というのは頑固と強情を表し、これによって高慢な者らは悪巧みに満ちた言葉で自己弁解をし、不敬虔を敬虔とみなすゆえに、その不敬虔のなかにあって是正しがたい者となります。そのわけは、立つというのが転義的〔宗教的〕意義では「確固としている」を意味するからです。（ですからローマの信徒への手紙第一五章〔一四・四〕には「彼はあなたの主人によって立ちも倒れもする。だが彼は立つでしょう。神は彼を立たせることができます」とあります。）それゆえ「柱」はヘブライ語では、ラテン語の彫像（statua）と同じように、その名を立っているに由来しています。なぜなら自分が正しく生きており、素晴らしいわざによって他の人たちよりも目立っていると思われることが、不敬虔な者らの言い訳であり、彼らを強固にするからです。

「座」とか「座に着く」とは、教えること、教師や博士となることです。マタイ福音書第二三章〔二節〕に「律法学者たちがモーセの座に着いている」等とあります。同様に「王座に着くこと」は、支配すること、もしくは王であることなのです。列王記に頻出するように「王座に着くこと」は支配することを意味します。「法廷の座に着くこと」は裁判官であることを意味します。

「ペスティレンティア」は、逐語的〔原文に忠実〕な翻訳でないとしても、真に力強い訳語です。というのもヘブライ語では「あざける者」や「嘲笑する者」を表すからです。しかし、「あざける者」は、詩編全体をとおして、「狡猾な者」また「欺く舌」で告発する者であって、健全な教えのように見せかけて、誤った教えの毒を提供するからです。確かに精神における不敬虔な教えに優って感染力のある害毒は身体にはありません。使徒はテモテへの第二の手紙第二章〔一七節〕で「彼らの言葉は、癌のように広がっている」と言っています。だが、知恵の書第六章二六〔二四〕節が知者を「全地の健康」と呼んでいるように、あの不敬虔な者らが全地のペスティレンティアと呼ばれるのは正しいです。しかし真正な真理を渇望する魂にとって致命的な毒を与えるよりも有害な嘲笑があるでしょうか。

　したがって善い生活について信仰と道徳が区別される、教会で一般に行われている慣行があります。信仰が敬虔な人たちや不敬虔な人たちを造り、道徳が罪人と聖人を造ります。また詩編作者はここではこのような二つの段階を述べてから、それに第三段階を加えます。なぜなら、そこ〔第三段階〕では不敬虔は、人間を内的にその意見で、外的にその道徳で、堕落させる見込みがなかったので、突進していって、他の人たちを自分と一緒に同じ破滅に導くからです。不敬虔は自分自身の不敬虔な考えと悪い生活に満足できないので、他の人に不敬虔を教えざるを得ないのです。ここまでが言語的考察です。

　とりわけ聖書では分派と人物の名称を出すのを賢明にも避けている点に注目すべきです。というのもこの詩編では疑いなくユダヤ人たちの国民がまず指摘されています。それは使徒が「ユダヤ人をはじめ、ギリシア人も」とローマの信徒への手紙三・九と言い、「わたしたちが知っているように、すべて律法の言うところは、律法の下にいる人々に語られている」（ロマ三・一九）と言う通りです。しかし詩編作者は「ユダヤ人は幸いである」とか「あの人やこの人は幸いである」とは言いません。彼はあれこれの異邦人の計らいとは言わないで、無条件的に「人は幸いです」とか「不敬虔の者たちの計らい」、「罪人の道」「嘲る者の座」などと言います。この人たちは一体全体誰であるかは問題ではありません。なぜなら神の許では人が分け隔てられないからです（ロマ二・一一、使一〇・三四を参照）。また、このようになったのは、神の言葉が永遠であるために、すべての人間にとって永遠に適応されるためには、もっとも必要なことでした。というのも時代によって道徳、人物、場所、慣習は変化しても、それでも同じ敬虔や不敬虔がすべての世代を通して経過します。こうしてわたしたちは同じ聖書を用いることで預言者たちが虚偽の預言者たちに反対して、使徒たちが偽りの使徒たちに反対して、教師が異端者たちに反対しているのを見ます。しかしその人たちの中には、預言者たちの名前も、使徒たちや教師たちの名前も、あるいは彼らの敵対者たちの名前も見いだされないで、ただ敬虔者と不敬虔者の名前しか見いだされません。

もし個々の人の名前が採用されたとすると、その他の人たちは、もう悪いことと呼ばれることが自分とは関係がない、あるいは善いことと言われることだけが自分に属している、と信じることができたでしょうか。それはちょうどユダヤ人たちが、アブラハムとその子孫に約束されていることなら何でも、自分の方にねじ曲げているのと同じです。そのような人たちに対してこの詩編は、わたしが前に語ったように、まず第一に攻撃しています。ですからわたしたちも聖なる族長たちの模範にしたがってわたしたちと一緒に暮らしている同世代のために講解しましょう。それどころか、むしろわたしたちより前にやって来て不敬虔な者たちを告発した人たちに〔この解釈では〕したがいましょう。それはこのように解釈することが強制されるよりも、むしろわたしたちによって明らかになるためです。

それゆえ詩編作者は言います、「歩まなかった人は幸いです」と。つまりわたしたちはこんなにも多くの不敬虔な人たちに囲まれているので、あなたは詩編一二・二と一緒に「主よ、お救いください。聖なる人はいなくなり、人々の中で信仰する人が少なくなりましたから」と言うことができます。またミカ書七・二と一緒に「聖なる人は地から絶え、人々の中に正しい人はいない」と言うことができます。こんなにも多くの群衆と一緒に広い道を歩まない人は（マタ七・一三を参照）、幸いであって、真に信仰によって強力ではないですか。それから、この人は群衆から侮辱と多くの災いを受けても、彼らと一緒に歩むことに同意しないし、選ばれた人たちを誤りに導いたりする、不敬虔な者たちにとっても素晴らしい計らいにも欺かれないのではないですか。富や快楽や名誉によっても打ち負かされない人はすでに沢山います。しかし最高の勝利は不敬虔な者らのもっとも輝かしい知恵と義を打ち負かすことです。それはこの不敬虔な者らによって純粋な信仰がもっともひどく攻撃されているからです。

しかしあなたは詩編のこれらの言葉が信仰の言葉であることに注意すべきです。それらの言葉は人間について見られるもの〔外観〕にもとづいて語っていません。（前にわたしが語ったように）確かに誰も彼らが不敬虔であるとは考えないでしょう。預言者は霊によって語っています。その場合、人間のもとでもっとも敬虔であるすべては、（信仰が欠けているので）不敬虔なのです。そのようにコヘレトはコヘレトの言葉八・一〇で「わたしは不敬虔な者たちが葬られるのを見た。彼らはこれまで生きているあいだ聖所にいて、町では正しいわざをする人のように称賛されていた」と語っています。また詩編三七・三五でも「わたしは不敬虔な者がヒマラヤ杉のように称賛されているのを見た」とあります。これはぞっとするようなことです。誰がそこに不敬虔を追求し、しかもそんなにまで深く探求したでしょうか。

だが、聞きなさい。この詩編は単に不敬虔の者たちと罪人らを非難しているのではありません。というのもすべての人は、キリストの外では不敬虔で罪人であるからです。だが、不敬虔であるのにそのことを認めず、その上に計らいをたくらみ、それにしたがって歩み、かつ、不敬虔に染まっていることによって、二重の罪を犯している人たちのことをこの詩編は主として考えているのです。なぜなら詩編は「不敬虔に歩まず、罪人として立たない人は幸いである」とは言わないで、「不敬虔な者たちの計らいと罪人の道に」と言っているからです。彼らは不敬虔であるだけでは満足しないで、不敬虔に加えて敬虔の外観〔装い〕を追加して、義人や聖人であろうとするからです。(2)

しかし、あなたは、詩編作者がわたしたちの時代の誰のことを言っているとお考えですか。わたしは個人の名前を挙げたくないのです。それはある司祭たち、修道士たち、司教たちのなだめがたいカリュブディス(3)〔残酷さ〕の手中に陥らないためなのです。というのもこの種の不敬虔な人たちは神の言葉にもっとも忍耐できないで、天を殉教者で満たしてきたからです。その理由は他でもない、彼らは自分たちが神に服従していると思い（ヨハ一六・二を参照）、敬虔のために戦っていると信じ込み、真に敬虔な人たちを不敬虔な輩《やから》として頑なにも告発してきたからなのです。

だが、ここで言及されている人たちというのは、ただ儀式、慣例、敬虔の見せびらかしで輝く人たち、衣装、食物、場所や時、いざというときには、わざや祈りでもって敬虔を測る人たちであり、とりわけ、自分への敬意、特権、尊厳、権力、権利のゆえになだめがたい不和へ分裂している人たちであることを、あなたは知って、決して疑いをいだいてはなりません。この人たちは相互的な愛によって互いに譲り合い、謙るよりも、何でもなし、かつ、受けることを喜んでいます。彼らが自分の生活に安心し、かつ、自信をいだいており、彼らの目の前には神に対する畏怖がないので、不敬虔であることを、あなたは認めるでしょう。というのも不敬虔者らに固有なことは神を畏れないことであって、神の憐れみに安心して〔彼らが思っているように〕すべてを予測していることが、あまねく通用する誤りのないカノン〔判断基準〕であり、〔人々が言う〕リディアの石[4]よりも確実なのですから。しかし敬虔な者らに固有なことは、ヨブと一緒になって自分のすべてのわざに危惧をいだき、自分のどんな義にも確信することなく、自分の聖性を糞土とみなし、そのために争ったり、自己を正しいとみなしたり、復讐したりしないで、あらゆる憎悪と処罰に自分が値するとみなすことです。それゆえに、これらの霊の言葉をあなたが聞き、その意味を理解するためには、信仰の目と耳をもっていなければならない、とわたしは言ったのです。なぜなら人間はその言葉を理解することができないからです。

しかしながらあなたはわたしが儀式やわざ〔そのもの〕を非難していると考えないでください。そうではなく彼らの見解、信頼、熱心を疫病と呼んでいるのです。なぜなら彼らはそれによって分裂、口論、罵倒、諸々の罪の無限の怪物へと突進するからです。彼らはそれらすべてを敬虔の名前で、その計らいの装いでもって、彼らの教義の外観でもってすべてをごまかしています。もしこれらのことが謙虚になされるならば、確かに善いものであったことでしょう。

　また彼は罪人らの道に立たない。

　確かに彼らは不敬虔によって信仰を破棄した後に、彼らのわざは邪悪となり、罪となるしかなかったのでしょうか。また、彼らが断食し、祈り、慈善を施し、誰も悪いとは言わないその他のわざを行っているのに、どうして異端者たち、傲慢な人たちのわざは悪いのですか、とあなたは尋ねます。わたしは信仰が必要であるとすでに語りました。そのような不敬虔を認め、そのような罪の道にどこまでも固くとどまる人のわざは益々悪くなります。だがそれらは心の不敬虔さから出てきていますから、罪なのです。「嘘つきからどうして真実が語られるのか。不敬虔からどうして敬虔が生じようか」（シラ三四・四）と知者は言います。

　それでもキリストはこの点で彼らの果実から人々は学ぶべきであると、わたしたちに素晴らしく教育してくださいました（マタ七・一六を参照）。それは二つのわざを指示しています。彼はその一人を羊の皮を被った狼と呼びます。それは彼ら自身の果実ではなく、見せかけのもので、計らいに等しく、彼の道なのです。しかしあなたがそれらに一度触れ、よく注意してみると、見なさい、そこには彼ら自身の実りが引きだされており、怒り・激怒・叫び・傲慢・罵倒・悪口・口実・嫉妬・冒瀆およびそれに類似なことが示されています。というのもあなたは、そのような鋭いとげのある茨の藪から、他の果実を集めることができませんから。あなたはわたしたちの儀式を司る人たちをこのような人々として見るべきです。

そして疫病の〔教職〕座に座らない人も〔幸いです〕。

キリストから離反したユダヤ人たちはその座を占めています。彼らの唇にはエジプトコブラの猛毒とその蛇の毒があります（申三二・三三を参照）。なぜならキリストを教えない人たちはキリストに敵対して教えざるを得ないからです。異端者たちは、別の名前と他の姿をしていても、同じ不敬虔によって有害となり、この人たちの足跡につきしたがっています。またわたしたちの時代ともなると、彼らは疫病の座を占めており、哲学者たちの意見や人間の伝統でもって、彼らの主導者の計らいでもって、キリストの教会を満たし、魂が養われ、生かされ、救われる神の言葉を顧みないことによって、哀れな魂を苦しめています。その結果として起こってくるのは、人々がわざによって生まれるのとは異なる他なる義を知らないということです。しかしこのようなことは不敬虔であって、神の前での罪なのです。というのも、もしあなたが教えのもっと重要な部分で、また、もっと熱心に、キリストに対する信仰を予め教えていないならば、あなたはどのようなわざをも危険なしに教えることができないからです。パウロはローマの信徒への手紙では一一章を用いてキリストに対する信仰の基礎を据え、それから五章を使って道徳を教えています。ガラテヤの信徒への手紙では五章を信仰に、六章のうちただ一章で道徳を教えています。同じように他の手紙でも行っています。キリストは福音書においてただ信仰だけを求めておられるからです。

（1）このラテン語はウルガタに依っている。
（2）Ⅱテモ三・五「信心を装う」を参照。
（3）カリュブディスとは航海の難所として知られたシチリア島に発生する巨大な渦巻きを指す。
（4）金細工人の試金石を意味する。

第二節

だが彼の意志は主の律法にあって、彼は昼も夜も主の律法を省察する。

神学的な言語研究

（あなたに知ってもらうために一度だけ）「主の律法」と言いますが、どんな人の律法とも、できるかぎり遠くに、かつ、幅広く、堀をめぐらして区別し、周到な配慮をもってそれに注目するようにしなさい。それは主の律法と他の律法とが混同されて（破壊的な教師たちによって起こるように）神の律法から人間的な伝統を、あるいは人間の伝統から神の律法を造り出すことによって、あなたがたをとても悲惨な仕方で破滅させせないためです。事例を挙げてその点を説明しましょう。主の律法は「父と母とを敬いなさい」と言います（出二〇・一二を参照）。この律法からファリサイ派の人たちは、あなたがマタイ福音書第一五章で読むように、「祭壇に献げる贈り物は人が両親に与えるものよりも優っている」（マタ一五・四―七）との伝統を造っていました。さらに彼らは自分の律法から神の律法を定めることによって、真の戒めで神を軽蔑し、他の自分の戒めで神を敬っています。父祖たちは「食事の時には手を洗いなさい」と伝えていたのに、それに対して父祖たちに聞かないのは神に聞かないと同じである。したがって同じ箇所でキリストは言います、「偽善者たちよ、イザヤはあなたがたについて見事に預言している。〈この民は口先でわたしを敬うが、その心はわたしから離れている、人間の教えと戒めを教えて、空しくわたしを崇めている〉」（同一五・七―九）と。

同様な傾向が今日でも優勢となっており、畏怖をもって大胆に宣告されるときには、あなたはその間に神の戒めのすべてを嘲り、いわんや軽蔑してでも、教皇とローマ教皇庁の声だけを聞くべきである、といった具合です。しかも、そのような人たちによって誰よりもひどく教皇庁の声明が恐ろしいほどに無視されていることはありません。そして彼らは遂にこの不敬虔な迷信の細部にまでこだわって、ストラ[1]やマニペル[2]なしに、あるいはその他の慣例を無視してミサを献げても、大罪とは思わないような司祭たちが至るところで見つけられるほどです。もしミサ奉献文を間違えると、それを意図的にしなくても、最大の犯罪とみなされるのです。だがわたしは司祭や修道士たちが良心を怖じけさせる馬鹿らしさを調べるのは恥ずかしいと思います。彼らは、その間に、たとえ多くの年月にわたって性欲・怒り・嫉妬・貪欲・高慢で過ごし、神を軽視してきたとしても、そのことに一度も気づかないのです。

「意志」というのは、まず第一にここでは可能態〔意志する力〕でも、いびきをかくあの習性〔ハビトゥス〕でもないのです[3]。この習性を最近の神学者たちは聖書の理解を転覆させるためにアリストテレスから輸入しています。同じくそれは可能態と習性から引きだされる現実態〔意志行為〕でもありません。人間の本性はすべてここで考えられているような意志をもっておらず、それどころかそれは天上から到来しなければなりません。というのも人間の本性は、神の権威が創世記八・二一で語っているように、悪しきことを熱望し、そのように傾いているが、主の律法は善であり、真正にして正しいので、その結果、人間の意志は律法に敵対的となり、律法を憎み、律法から逃れるようになります。

意志は時折罰の恐れとか約束されたものへの欲求から律法を愛しているように見せかけても、その内心ではつねに律法に対する憎悪に留まっており、無償で律法を愛することはできません。なぜなら彼が律法を愛さないのは、律法が善いものであるからではなく、律法が彼に利益を期待させるので、それを愛するからなのです。

しかしこの意志は心の純粋な喜びといわば律法に対する楽しみであって、律法が約束するものや脅迫するものを求めないで、神聖にして、正しく、善である律法を愛するだけでなく、律法を愛しながら楽しんでいるのです。この楽しさに対して現世と世の君主〔であるサタン〕がどのような繁栄をもってしても、また敵対行為をもってしても、それを滅ぼし、打倒することはできません。そうではなく貧困、恥辱、十字架、死、地獄を通してそれを制圧します。というのもそれは不快なことを通してもっとも強力に際立ってくるからです。

だが、この楽しさはイエス・キリストを通しての神に対する信仰から到来します。罰に対する恐れから強要される他の意志は、奴隷的であって、強制された意志です。報酬に対する熱望によって引き起こされた意志は、報酬目当てのもの、また見せかけのものです。しかし、先の意志は自由であり、無償であり、快活なものです。ですからキリストに属する民はヘブライ語では「ネダーボート」(Nedaboth)と〔詩一一〇・三を参照〕、つまり自分の発意からの人、自発的な、自由な人と呼ばれます。

これらすべてのことから明らかなことは、この詩編がもっぱらキリストについてのみ解明されるべきではないなら、それは幸いな者が追求すべき鏡であり、目標でもあります。なぜならこのような〔律法に対する〕意志を少しももっていないような人は、使徒がローマの信徒への手紙〔七・二三で〕で嘆いているように、この世には誰もいないからです。しかもこのことは律法とそれに反対する五体の意志のゆえに起こっているのです。このような意志は神学〔の判断〕にしたがって十字架につけるべきであり、哲学〔の判断〕にしたがって〔称賛すべき〕徳と考えられるべきです。

「省察する」（meditari）と言われていることは、詩編三七編三〇節「正しい人の舌は知恵に取り組む」とあるように、論じること、討論すること、言葉を尽くして表明することを意味します。それゆえ聖アウグスティヌスはそれを訳すときに「さえずる」という言葉を用いていますが、それは見事な比喩と言えましょう。なぜなら鳥のさえずりがなすべき仕事であるように、人間（その固有の義務は話し合うことである）のなすべき仕事は、主の律法と対話することですから。ところがこの詩人は、「省察する」をこのように理解して、「あなたは森の歌を繊細な葦笛で奏でる」と言います。

わたしは、とても残念ですが、この言葉の力と繊細さを十分に満足できるように表現できません。というのもこの省察は、第一に律法の言葉を熱心に観察することから、次にさまざまな聖書の箇所を相互に比較することから、成立しているからです。それはいわば楽しい狩猟なのです。それどころか森での小さな雌牛の遊戯なのです。そこでは「主が牡鹿を用意し、茂みを切り開きます」（詩二九・九）。ここから説教が最後に主の律法によって教育された民に向かって語られます。たとえば「あなたは殺してはならない」（出二〇・一三を参照）と。もしもあなたがこの戒めをいい加減に見過ごすならば、それは冷たい言葉となります。文字の響きにしたがうなら、殺人行為だけが禁じられているのを聞くことでしょう。しかし立ち止まって、あなたの手が殺してはならない、と言われているのではなく、あなた自身が殺してはならないと言われていることに注目しなさい。だが、あなた自身は何ですか。あなたは魂と身体なのでして、この両者にまたがって手・舌・目・精神・意志といった多くの力をもっています。それゆえ、あなたが殺してはならないと禁じられているとき、すでにあなたは手でも舌でも意志でも殺してはならないと、教えられていませんか。これらのうちの何かが殺すとしたら、あなたが殺しているのです。ですから、あなたは怒ったり、悪意をいだいたり、悪口を言ったり、奪ったり、顔をそむけたり、軽蔑したり、害したり、害されることを望んだりしないで、その反対に、愛すべきであり、ほめるべきであり、親切にすべきです。では、どうなっているのですか。「あなたは殺してはならない」というのは、あなたは辛辣であったり、怒ったりすべきではなく、あなたの隣人にやさしく、親切でなければならない、ということになるでしょう。そこで聖書のなんと多くの箇所が愛・温和・甘美・善意・親切・慈悲について教えているかを調べてみなさい。もしあなたがこれらを引き合わせるなら、あなたは主の律法を美しくさえずり、省察しているのではないでしょうか。

「昼も夜も」という言葉をあなたが字義的に受け取るのか、何か転義的に「絶え間なく」とするか、あるいは比喩的に「逆境の時も順境の時も」と受け取るかは重要ではない。なぜなら正しい人は眠っているときでも主の律法を愛し、考えていますから。

それゆえ詩編作者は、その意志が主の律法の下にある人は幸いである、と言う。その人は善いものや悪いものから〔判断して〕見たり、愛したり、憎んだりすることは全くなく、この〔律法を愛する〕意志でもってすべての被造物を超えて全く高められています。ですから、この天上的な意志を彼が具えているので、幸福について愚かな判断を下す人が打ち砕かれてしまう事柄について何も知っていなくても、彼が幸いであることは、何も驚くことはないのです。なぜなら、そこで彼はこの意志によってすでに神の言葉と一つにされているからです（それは愛が愛する者と愛される者とを結合しているからです）。そんなわけで彼はまた、神の言葉がいかに善いものであり、甘美にして、神聖であって、驚くべきものであるかを、必然的に味わっています。ただ手や舌でもって律法と関わり、だがその意志でもって〔束の間の〕汚物の中に埋没する人たちは、最高善を味わうことができません。確かにおしゃべりする人は多くいます。彼らは主の律法について多弁し、多くのことを装い、また多くのことを考えていますが、未だ愛してはいません。詩編はその舌が、その手が、その精神や思索的熟慮が主の律法に向かっている人が幸いである、とは言いません。そのようなものによって彼らはふくれ上がっており、恰もすでに聖人であり救われているかのように、自分自身におべっかを使っているのです。

さらにこの〔律法への〕意志は人間の生活の全体に関わっています。そうです、生活の源泉にして根源であるこの意志でもってすでに律法のうちにある人は、何か他の肢体でもって律法の外にあるのではないかと恐れてはなりません。というのも愛が駆り立てるところに心も身体もしたがうからです。

このことで敬虔な者と不敬虔な者との振る舞いが対立していることをもよく見なさい。不敬虔な人たちは自分の義を外から始めてうちに向かいます。彼らはまず最初にわざをしているように装い、それからそれに関して言葉を述べ、その後でそれについての考えを告げます。こうして彼らはもう最高の頂点に達しているのです。そのとき彼らは他の人たちの教師となっており、彼らが考え、語り、実行することは何でも、聖にして神的であると願っていますが、それでも彼らはこの隠された意志には決して到達しないでしょう。それに対し、敬虔な人たちはうちから、この聖なる意志から開始します。それから〔神の律法に対する〕省察が続き、遂に外的なわざとなり、その後で他の人たちの教師となります。それはこれからわたしたちが見る通りなのです。

「彼は昼も夜も主の律法を省察する」。意志が初めからないなら、省察は糾弾されたりしません。〔この意志があれば〕愛がそれ自身で〔律法をどのように〕省察するかを教えるでしょう。しかし、わたしたちが自分の力に絶望して、キリストに対する謙虚な信仰を通して（わたしが以前言ったように）わたしたちはこの意志を天から願い求めるべきです。次の点によく注意しなさい。愛する人たちが皆、自分が愛しているものについて喜んでお喋りし、歌い、詩作し、書いたり、戯れたり、さらにそれを喜んで聞くのは自然なことです。それゆえにこの愛する者、つまり幸いな人には彼の愛、主の律法がつねにその口に、つねにその心に、（できれば）つねに耳にあります。「というのも神に属する者は神に言葉を聞くからです」（ヨハ八・四七）。また「わたしが流浪している地であなたの義はわたしの歌であった」（詩一一九・五四）と言われます。さらに「またあなたの義認のことをわたしはいつも省察することでしょう」（同一一九・一一七）とあります。

だが、豚が食べるイナゴ豆を追い求める者（ルカ一五・一六を参照）、自然的な事物・人間どもの意見・司教座聖堂参事会員の聖職禄・名誉・教会の権力と特権・これら無限に馬鹿げたことについて昼も夜もお喋りする者が幸いな人であるとお考えですか。そうではありません。彼らは少女たちの愛や詩人たちの創作したものについてお喋りしている人たちよりも遥かに惨めです。というのもこの人たちは自分が愚かに行動しているのを知っており、いつかは悔い改めることができるからです。だがあの人たちは思慮深く、高潔に行動していると思っており、その不敬虔さに留まり続けるからです。そして遂に彼らの法が最高の不義と不正とを積み重ねているのを後悔しても無駄でしょう。彼らは確かに主の律法を省察しておりません。

（1）祭服の一部で、首から膝まで垂らす長い帯状の肩掛け。
（2）司祭がミサを執行するとき左腕につける腕章。
（3）可能態と現実態の用語はアリストテレスの形而上学から来ており、習性態（ハビトゥス）はサクラメントによる恩恵の注ぎによって注入され、徳行を生み出す前提となる魂の状態である。これは習慣によって行為は実現されるというアリストテレスの思想に依っている。

第三節

そして彼は水の流れのほとりに植えられた木のようになるでしょう。
それはときが来ると実を結ぶでしょう。
またその葉もしぼまないでしょう。
その人のすることはすべて繁栄するでしょう。

この人の幸いは霊の中に、神のうちに隠されていますので、信仰や敬虔に依らないと認識されないと、わたしは前に語りました。このことはあなたが彼の意志を調べてみると本当に明らかとなります。彼の幸福はその意志にのみあって、富にはないし、名誉にもなく、彼の義と徳にもないし、要するに(この律法への意志を除くと)人間のうちや外で名づけうるどんなよいことにもありません。いやむしろ彼の幸福はそれとは反対のもの、貧しさ、軽蔑、愚かさ、その他の人間の内外で名づけられるすべての悪の中にあります。こうして預言者がここで幸いと言っている者を、この世はこぞって評価して、彼だけがすべてのうちでもっとも悲惨であると判断します。それはちょうどイザヤが、これらの幸いな者たちの頭《かしら》であり、手本であるキリストを人々の中でもっとも身分の低い者と語って(イザ五三・三(ウルガタ)を参照)捉えていたのと同じです。なぜならこの世とその支配者らは、自分の幸福を軽蔑して、このような意志だけで幸いであろうとする人を、我慢できないからです。そんなわけで詩編作者は、このような人たちが稀であると思って、「おお……人は幸いです」等々と語り出したのです。

さて、詩編作者は幸いな人に独自な定義を与えてから、同じ人をそれに劣らないほど美しい比喩でもって解明します。その人があらゆる不幸から自由であり、あらゆる善でもって満たされていると主張する定義は確かに完全なものでした。（なぜなら世間でもそれを幸いと呼んでいますが、それは〔目に見える〕現在的なものに関して語っており、詩編はそれを信仰に関して語っています。）同様に比喩も同じ悪から解放され、善いもので満たされていると立証しています。というのもその人は信仰のうちに隠されており、目にはどんな事例によっても証明されませんでしたから。定義する人たちも正しく行っているように、彼は目に見える事物の比喩によって描写します。また彼は正しい人を比喩的形象でもって言い表わしていますから、わたしたちはその字句に立ち入って〔穿鑿して〕はいけません。

ここで〔比喩によって〕迂言的に表現されているのは、棕櫚の木であるとわたしは思います。というのは他の詩編も「レバノンのヒマラヤ杉が大きくなるように、義人は棕櫚のように繁栄する」（詩九二・一三）と語っているからです。それゆえ、あそこで簡潔に語られることが、ここではいっそう豊かに説明されています。つまり棕櫚の木は水の流れを好み、プリニウスが言うように、一年中水を吸い上げ、絶えず生き生きとしており、とても甘い実をつけます。ことによると詩編作者はヨルダン川に沿ったエリコの地に繁茂する棕櫚からこの比喩を採用したかもしれません。なぜなら、このことのゆえにエリコは棕櫚の町とも呼ばれたと思われます。確かに聖書の多くの箇所でヨルダン川は神秘的な意味で使われます。その意味で「レバノンから勢いよく流れる、生ける水の井戸」〔雅四・一五〕と言われます。

ここで預言者はあなたに聖書によく出ている木とか水の比喩を理解するために規準を伝えたのです。つまり木は人間を、善い木は善い人間を、悪い木は悪い人間を、キリストもまた教えているように〔マタ七・一七―二〇、一二・三三を参照〕、意味しています。とはいえわたしは、聖アウグスティヌスがペラギウス派から非難されたとき、信仰者の間の結婚から罪のない子が生まれるのを許さないために、木によって人間ではなく、人間の意志が理解されるように願っていたことを、知っています。また、ここではとりわけ意志もしくは霊そのものである、霊的な人間が描かれていることも、恐らく〔自説が〕支持されうるでしょう。しかし人間の全体が木であると言われるほうが、少なからず、あるいは、いっそう良い、とわたしは考えます。だが根は意志であり、枝は四肢と力である、とわたしは思います。しかし、わたしは〔そのように〕断言しません。

「植えられた」と詩編作者は言います。この表現によってこの棕櫚の木は自然に生えてきたものから区別されています。それは自分の本性からではなく、他人の世話と手入れによってそうした木になります。もちろん自発的に、かつ、自然に生えてきた木から切り離されて挿し木のように他の場所に移植されたのです。わたしが前に言ったのはこのことです。主の律法への意志は、誰にも本性から内在しないで、耕作し育ててくださる天の父によってわたしたちをアダムからキリストに移植することで、天からわたしたちに与えられます。

「水の流れのほとりに」は確実に神の恩恵の川を意味しています。なぜなら棕櫚の木はなめらかで、砂が多い、光沢のある、塩気のある土地に育つと言われますから。それゆえそれは絶えず流れる川を喜びます。この木の根である意志は、この渇いた実りのない生活の中にあって、天界を流れる川の水に益々渇きを覚えるのです。現世では生きる力が与えられるものをほとんど見いだせないのですから。同様に詩編には「地には道もないし、水もない」(詩六三・二)とあります。またイザヤも「神の前に乾燥した地から出る根のように育った」(イザ五三・二)と言う。木が不毛の地で川の水だけで大きくなるとはおかしくはないでしょうか。また、ここでは幸いな人は、現世が不毛であれば、それだけいっそう天界の水に渇きを覚えるのです。この木は肥えた地では育ちませんし、幸いな人は現世の繁栄したところでは育ちません。

他の人たちはどうして「木」(arbor)と言うよりも、「樹木」(lignum)と言ったのか、同様に「実を結ぶ」よりも「実を与えるであろう」と言ったのかを穿鑿しました。創世記に神が木ではなく樹木を創造したとあるのをわたしたちは読みます(創二・九を参照)。また聖書は木の代わりに樹木を転義的に役立てています[1]。

また「果実を与えよ」は、この幸いな人が愛(これは主のすべての律法で命じられています)によって自分ではなく隣人に仕えることを告げています。というのも木が何であれ実を結ぶのは、自分のためではなく、自分の実を他の人に与えるためですから。そればかりか人間と悪魔の他にはどんな被造物も自分のために生きたり、仕えたりしません。太陽は自分のために光を放っているのではなく、水も自分のために流れてはいません、その他も同じです。こうしてすべての被造物は愛の律法に仕えており、その全実体は主の律法に置かれており、人間の身体の四肢は自分自身に仕えているのではないのです。心の情動だけが不敬虔なのです。なぜならこの情動は自分のものを誰にも与えず、誰にも仕えず、好意的でなく、すべてのものを自分に強奪し、万事において、神自身においても自分のものを求めるからです。そのためこの木が茨か野生児であると言うのは、正当と言えましょう。そのような木は誰の手入れをも受けつけず、水の流れを喜ばないで、刺のほか何ももたらさない。その刺によって周囲にある全ての木の実、その木自身ともまた戦い、苦しめ、絞め殺します。その間にその木はそばを通るすべての人の着物、羊毛、皮膚、肉その他の全てを強奪し、むしり取り、傷つけます。それゆえに預言者は善い木がもたらす善いわざを誰にも害を加えず、すべての人に役立つようにその果実〔成果〕を喜んで与えると言い表しました。

「ときが来ると」。おお何とみごとな愛すべき言葉であろう。それによってキリスト教的な義がもたらす自由が主張されています。(2) 不敬虔の者たちにとっては日や特定の時、決まった行為、指定された場所が定められています。彼らはそれにとても執着するので、隣人が飢えて死にそうになっても、そこから離れることができません。それに対してこの詩編にある幸せな人は、すべての時、すべてのわざ、すべての場所、すべての人に対して自由なのです。どんな機会に巡り会っても、彼はあなたに奉仕するでしょう。その手が見いだすものなら何でも実行するでしょう。ユダヤ人も、異邦人も、ギリシア人も、未開人もありません。どんな人でも全く問題ではないのです。彼のわざが神と人とに必要となれば何時でも、そのときには彼の実を与えます。それゆえに彼の実は名前もその時ももっていません、彼もその名前をもっていないし、水の流れもその名前をもっていません。誰かある人が誰か他の人にある特定の時、場所、わざに奉仕するのではなく、すべての人にどんな場所でもすべてを通して奉仕するのです。また彼はすべての時、すべてのわざ、すべての人物に対して真実に人としてあり、その父の姿に倣って万事において、また万事を超えてすべてとなります。

しかし不敬虔な人たちは、詩編第一七編〔一八・四六〕に「人々はその不安に閉じ込められている」とあるように、自分自身を虜とし、わざ・時・場所によってさいなまれ、このような条件がないと何も善いわざは遂行されないと考えています。ですから自分が実行した成果を高く評価する人たちは、他の人が実行した成果を酷評し、裁き、断罪する以外に何もしません。彼らはとても自由であって、どんなときでも他者を非難し、敬虔な人たちが善いわざを実行しているのと同じことを全く悪い仕方で実行します。なぜなら彼らもまたすべての時に人としてあり、一つの仕方で、一つの時に、一人の人にではなく、いかなる状況においても、他人を引き倒し、傷つけるからです。もし彼らが熱心な努力を善いことへと向けたとしたら、彼らが敬虔になるのにこれよりも良い近道はなかったでしょう。

もちろんわたしは、教会と修道院の儀式を拒絶すべきである、と主張しているのではありません。それどころかこれらは最初の宗教的な制度でした。それはちょうど修道院に参入した者が上長者に服従して自分のわざをしないで、すべてのことですべての人に奉仕するように説かれているのと同じです。真に修道院というものは、キリスト教的な自由を訓練し、遂行するいわば体育場でした。どこであっても彼らがそこでこうした古くからの制度を保っているなら、今日でもそうなのです。これが儀式の目的と方法であったとわたしは言いたいです。というのも愛と憐れみのわざ自体も、それが外に向かう、かつ、身体をもって為されるなら、何らかの自由な犠牲に他ならないからです。そして昔の儀式の掟も真の、かつ、自由な敬虔に対するもっとも有効な訓練でした。だが間違った熱意によってこの自由が損傷されるために利用されたり、自由の口実によって真の敬虔が破壊されたり、今や自由に代わって隷従が暴君的に支配しはじめる場合には、それらはすべて廃棄されねばならなかったのです。また、儀式が心の罠となり、自由な敬虔の落とし穴となるなら、儀式の混乱を取り除くことが、今日では牧師の敬虔な配慮となっています。

またその葉もしぼまないでしょう。

詩編作者はきわめて美しい比喩にとどまっています。「葉」は概して言葉と教えを意味します。だがわたしたちは棕櫚の木がいつもその葉で青々としていると言いました。それに対して不敬虔の者についてイザヤはイザヤ書第一章〔三〇節〕で「あなたは葉が枯れたオークの木のようになった」と言います。ここの言葉を互いに比較しなさい。不敬虔な者たちはその計りごとに歩んでいます。敬虔な者は律法に対する愛によって水の流れのほとりにしっかり植えつけられています。不敬虔な者たちは罪人の道に立っています。敬虔の者は主の律法を省察しその時が来ると実を結びます。不敬虔な者たちは嘲る者の座に着いています。敬虔な者の葉は決してしぼまないでしょう。

また詩編作者が実よりも先に葉と語っていることに注意してください。そして棕櫚の木の性質ではあるが、他の木でも生じるように、その果実を葉の間ではなく、枝の間につけ、繁った木の葉はみな梢につけます。こうした木は葉よりも実がまず見られるような印象を与えています。（というのもわたしたちが棕櫚からこの比喩を採用したと前に言ったからです。）それでも聖霊が自ら教会の中に信頼できる説教者を立てたのは正しかった。それは「神の国が言葉にはなくて力にある」（Iコリ四・二〇）からです。また「イエスは行い、また教えはじめた」（使一・一を参照）こと、また同じく「〔イエスは〕行いにも、言葉にも力あるお方であった」（ルカ二四・一九を参照）ことを知るためです。このようにしてもし「その葉がしぼまない」ことを願うなら、教えのことばを人々の前に語る者はまず生活の中に実を示すことができねばなりません。というのは実をつけないで葉が繁っている木は軽蔑されるように、キリストも実をつけていなかったイチジクの木を呪っています（マタ二一・一九を参照）。その生活が見下され、その教えも軽蔑される、と聖グレゴリウスが教えている通りです。確かに彼らは他の者に宣べ伝えておきながら、彼ら自身は救いから排除されている人たちです（Iコリ九・二七を参照）。この人たちに対してキリストはマタイ福音書第七章〔二二―二三節〕で、たとえ彼らがキリストの名によって預言し、キリストの言葉によって多くの徳行を他の者たちの間で行ったとしても、「不義をはたらく者たちよ、あなたがたは皆わたしから離れ去れ」と裁きの座で聞くであろうと警告しています。

誰かが質問するかもしれません。聖人たちや殉教者たちがこんなにも多くいたとしても、この人たちの実も葉も残っていません、すべては彼らと一緒に消えてしまっています。わたしたちは使徒たちの言葉をすべてもってはいません。どのようにしたらこの幸いな人の称賛が一般に知られるようになるのでしょう。

わたしはそれに答えます。彼らの言葉は彼らの言葉ではなかった、と。「というのも語っているのはあなたがたではなく、あなたがたのうちにあって語っているあなたがたの御父の言葉ですから」〔マタ一〇・二〇を参照〕。すべての聖人は同じ言葉で教えられ、同じことばを教えました。コリントの信徒への第一の手紙第一〇章〔三―四節〕に「皆同じ食べ物を食べ、皆同じ飲み物を飲んだ」とあり、「しかし主の言葉は永遠に残り」〔Iペト一・二五を参照〕、「その真理は世々に残る」とある通りです。したがって、この幸いな人と実の成っている木は教会の全体を意味すると思われます。あるいは〔少なくとも〕教えの職務を先導する人たちを意味します。ですがその両者を個々の義人として考えても差し支えないでしょう。彼も同じ葉〔称賛〕をもっています。彼は他の人たちを教えなくとも、彼自身を確実に教えており、心で主の律法を省察しています。なぜなら御言葉が、全教会におけると同じく、彼のうちに永遠に存続しているからです。要するに信仰者たちはすべて一つのからだであるとき、たとえこの葉〔称賛〕がここで語られている一人の構成員のものであっても、交わりによってすべてはすべてのものとなるからです。というのも、わたしの舌が述べ伝えるわたしの言葉は、たとえこのわたしが耳であって舌でないとしても、わたしのものですから。残っている肢体についても、またからだの全体についても、これと同様にあなたは考えることができます。

その人のすることはすべて繁栄するでしょう。

もし詩編作者がこのことを、木あるいは棕櫚の木について語っているとしたら、彼はただ棕櫚の木についてその重さに逆らって上の方に伸びていると言われる点にだけ触れています。それは人々が棕櫚の木の幹について観察されると言っている通りなのです。

「すること」はここでは（わたしがそれほど極端に解釈しなければ）正しい人の善いわざを意味しません。（というのは正しい人は実という評判だけで十分に立派に見えますから。）それはむしろ、わたしたちが芸術作品を創作する方法でもって為されたもの、もしくは創造されたものを意味します。なぜなら哲学者たちも、「すること」を思慮に、「作ること」を「術」に割り当てているからです。また同じ区分がヘブライ語でも（わたしは無謀にも）見分けさせているからです。すなわち「アーサー」（asa）という言葉は「すること」の意味に、「パーアル」（paal）という言葉は「作ること」の意味に受け取られていることをわたしは知っています。たとえば詩編第二七編（二八・五）で「彼らは主のわざと、主の手のわざとを理解しなかったので」と言われます。「神の手のわざ」そのものが作られたかのように「わたしの手のわざであるイスラエル」（イザ一九・二五を参照）と言われ、創世記第一章で「神は創った」（七、一六、二五節を参照）と言われ、また詩編第九四（九五）編五節で「海は主のもの、主はこれを創った」と言われている通りです。しかし神のわざは被造物を通して神が創るものですが、それはとりわけ言葉と恩恵です。これらによって神は行い、わたしたちを行うようになしたもうのです。

それゆえあなたは「する」を「設立する」、「秩序立てる」、「教会のさまざまな任務に配置する」と理解しなさい。そして使徒ペトロ（Iペト四・一〇）やパウロ（Iコリ四・一）が教えたように、「する」とは神の多様な恩恵の管理者を造ること、教会の土台を据えること、教会を大きくすることです。こうして信仰者自身が使徒たちによって形づくられたもの、そのわざ、造られたものとなります。このように使徒は確かにガラテヤの人たちのために産みの苦しみを味わい（ガラ四・一九を参照）、またコリントの人たちを生みました（Iコリ四・一五を参照）。「あなたがたは、主にあるわたしのはたらきの成果です」（Iコリ九・一を参照）と使徒は言います。それゆえ幸いな人が創り出すのは、宮殿でも、帝国でも、華美でもなく霊的なものであることをあなたは理解するでしょう。なぜならそのようなものを創ったり生むからです。しかし多くの人たちを善い幸いな者とし、自分と似た者にするのはただこの幸いな人のすることなのです。

また「繁栄」についてもそれを肉的にあなたは理解しないように注意しなさい。この繁栄は隠されており、霊の奥深いところにあります。ですから、もしあなたがこの繁栄を信仰によらないで捉えようとすると、かえって全くの逆境と判断するでしょう。というのも、悪魔は「葉」と同様に神の言葉を極端に憎み、この言葉を教え、かつ、聴聞する人たちを全世界の力に助けられて攻撃するからです。それゆえあなたは、もし幸いな人がするすべてが繁栄すると聞くなら、すべての奇跡の中の奇跡を聞くことになります。確かに信仰者たちが殺されているのに増加し、その数が少なくなっているのに増し加わり、服従されているのに支配し、追放されているのに入り込み、負けながら勝利することに優って不思議なことが何かあるでしょうか。このように世とその支配者たちは征服されたのです。このように主はその聖者に不思議なわざをなされたので、最大の不幸に属していたことが最大の繁栄に属するものとなったのです。

じっさい信仰者たちが殺されながら成長し、減少させられながら増加し、服従させられながら支配し、追い出されながら入り込み、負かされながら勝利するということより不思議なことがありましょうか。確かにこのようにしてこの世とこの世の支配者たちは打ち負かされた。こうして「主はその聖なる者に不思議をはたらいた」（詩四・四を参照）ので、最大の不幸に属するものが、最大の繁栄に属するものとなる。これが知者の繁栄であり、人々の回心なのです。ところが今やあの箴言第一章〔三二節〕の言葉、「幼いものの背信は彼らを殺し、愚か者らの繁栄は彼らを滅ぼす」が実現しているのをわたしたちは見ています。なぜならわたしたちは今や教会の仕事から地位や名声を作りだしており、霊を肉に変えてしまったからです。ですから教会のよい状況というのは豪華、暴君的な支配、抑制されないこと、肉の平和、俗界よりも華美なことです。というのも悪魔はこのような教会の霊的な繁栄だけを見て、そのように理解したので、彼は自分を抑制し、別の方法でもってわたしたちに襲いかかり、恐るべき不幸によってわたしたちに勝利します。戦いで負けていた者が今や平和によって支配するのです。それは確かに神の不思議な秩序づける働きによって起こるのです。ですから教会は逆境によって増大し、繁栄によって減少するのがその本性である、と聖ヒラリウスが語ったことはとても真実なことです。十字架の知恵と新しい事態がもっている意義は知られていないばかりか、それはまたすべてのことの中でも、まさしく教会の指導者にももっとも戦慄すべきことなのです。この人たちが聖書を捨ててから人間の不毛な制度や金銭報告書を読み始めたことも不思議ではありません。

（1）ここまでの文章を独訳は訳していない。意味のない言語的な穿鑿であるからであろう。
（2）ルターは『キリスト者の自由』でこの点をみごとに説き明かしている。

第四節

不敬虔な人たちはそうではない、そうではないのです。
彼は地表から風が吹き飛ばす籾殻のようです。

ヘブライ語ではただ一度だけ「そうではない」と語られています。(1) しかしこのことは余り重要ではありません。あなたが不敬虔な人たちのことを聞くと、わたしたちが不敬虔について先に語ったことを想起なさるでしょう。それはあなたが不敬虔な者らと一緒になって、この言葉をユダヤ人たち、異端者たち、どんなにかけ離れているか分からない人たちだけに適用しないためです。それはあなたがことによると神に対する畏れを忘れて、この神の言葉をあなどるようにならないためです。キリストに対する信仰をもっていない人は不敬虔ですから、あなたはこれらの言葉に戦慄すべきです。それはあなたも不敬虔であるとみなされないためです。なぜなら真の敬虔はすべての神の言葉に戦慄するからです。

それはイザヤが「わたしが顧みるのは、心を静め、謙虚になって、わたしの言葉に戦慄する人である」(イザ六六・二)と最後に語っている通りです。あなたは自分が信仰を十分にもっていると、どのように確信していますか。だが信仰が欠けているだけ、それだけ不敬虔もそこにあります。善いものを全く無頓着にもわがものと主張し、悪いものを他人に帰することは、不敬虔な人たちの流儀です。

敬虔な人たちの流儀は違います。彼らは悪いものを自分に差し出されたと信じ、善いものは他の人たちに関係しており、自分の無価値を自覚しながら善いものを求めて嘆息します。それもそれを受けるのに自分がふさわしいからではなく、神の憐れみに対する顕わな希望によってそれを獲得するのです。したがって不敬虔な者たちは繁栄することなどありません。彼らの葉は干からび川の畔に植えつけられません。だが、霊にもとづいて語る人に霊でもって聞きなさい。〔外的に観察すると〕不敬虔の者たちが栄えており、すべてはうまく行っています。それについて聖書はみな嘆き、わたしたちも多くの詩編の中でそのことを確認しています。したがってそのことだけでも、彼らの葉は青々としていて、彼らが為すことはすべて栄えると、言うことができます。ですから〔実際はそうでないことを知るには〕信仰が必要なのです。

彼は地表から風が吹き飛ばす籾殻のようです。

「地表から」が〔ラテン訳聖書の〕ウルガタでは付加されています。しかし、それによって〔元来の意味を〕理解することは損なわれていません。ですからヘブライ語の「カンモーツ」でもって籾殻のように、ひどい粉塵や穀物の屑が意味されているかは問題ではありません。灰とか芒《のぎ》、燃えさし、籾殻と言われていようと同じです。そこで言われているのはルカ福音書三・一七「その手に箕〔熊手〕をもって、脱穀場を隅々まできれいにし、小麦を集めて倉に入れ、籾殻を消えることがない火で焼き尽くす」ことです。同じ表現がヨブ記二一・一八に「籾殻のように風に吹き散らされ、灰のように突風に吹き飛ばされる」とあります。

詩編作者は単に籾殻と告げているのではなく、風が巻き起こす籾殻のことを言っているのに、注目しなさい。彼は静かに横たわっている籾殻ではなく、ばらまかれ、さ迷い、不穏な籾殻をほのめかしています。その際、まずユダヤ人たちのことを理解すべきです。ユダヤ人たちは三重の仕方で追い立てられました。第一に身体的に暴風によって、つまり人間の気質と憤慨によって追い立てられました。これら〔気質と憤慨〕は人間のうちに宿っています。こうして彼らは、わたしたちが目ではっきり認めるように、確かな居所をもっていません。彼らはこのように駆り立てる風に何時でも曝されているからです。第二に、彼らの精神は有害な教師によってさまざまな教えの風でもってあちこち駆り立てられます。彼らはキリストに対する信仰によって根付いておらず、その精神が不確実な教えによって混乱しており、いまだその良心はけっして安定していないし、落ち着いてもいません。第三に、彼らは最後の裁きの日に神の怒りの耐え難い永遠の嵐によって追い立てられ、かつ、撒き散らされるので、どこにも平安が見いだされず、一瞬と言えども見いださないでしょう。ユダヤ人のもっとも近くには異端者たちが、とりわけ二つの最悪の暴風でもって立っています。

神の怒りの嵐の他に何が教会で支配しているとあなたは思いますか。この神の怒りによってわたしたちはこのように多くの、これほど多様な、このように不安定な、このように不確実な、同様に終わりのない法律家たちの解釈と神学者たちの意見に突き倒されています。その間にキリストは全く知られておらず、わたしたちは良心のシュルティス〔航海の難所〕、カリュブディス〔巨大な渦巻き〕、シンプレーガデス〔撃ち合い岩＝岩礁〕にぶち当たって全く哀れにも打ち砕かれます。しかし他の不敬虔な人たちも、富・名誉・好意・その他の現世の大波を起こす情欲と快楽という自分らの暴風と激情に襲われる。それらによって彼らはきわめて不幸にも悩まされます。というのも彼らがわたしたちの心の支柱である唯一の岩を軽んじるからです（マタ七・二五を参照）。

（1）それに対してラテン語訳ウルガタでは強調して二度繰り返される。

第五節

それゆえ不敬虔な者たちは裁きに堪えず、
罪人たちは義人の集いに堪えないでしょう。

誰が不敬虔な者たちであり、罪人たちであるかは十分に語られました。ただし、あなたは敬虔であり聖なる者であるかのように、あなたの神が語られるこれらの言葉を畏怖を懐かないで聞くことがないようにしなさい。畏怖そのものが敬虔なのです。それどころか知恵と敬虔の根源であり、基礎なのです。

ヘブライ語は「堪える」であって、〔ウルガタのように〕「再び堪える」ではなく、死者の復活についても語っていません。人々は裁きに堪えないと言ったのではなく、不敬虔な者たちは堪えない、と言ったのです。人間の復活と不敬虔な者たちの復活とは別物です。したがって使徒信条に人間の復活よりも肉の復活と言われているのは正しいです。また使徒も死者たちの復活もしくは人々の復活を、人間の二重の復活もしくは肉と霊との復活と明らかに呼んでいます。しかし、ここで「堪える」というのは、不敬虔の者たちが神の前に立たないであろう、ということを意味しています。同様に詩編五・五―六も「悪意の人はあなたの傍らに住まわず、正しくない人はあなたの眼前にとどまりません」とあります。また詩編二四・三には「誰が主の山に登り、聖所に立つでしょうか」とあります。

同様にキリストについても「神が裁きの座に着くとき」（詩七六・一〇参照）と詩編は言うし、詩編一一編（一二・六）では「今わたしは立ち上がると主は言われる」とあります。したがって「彼らは堪えないでしょう」は彼らは立たないでしょう、彼らは仕えないでしょう、彼らがどんなに期待しても、神に奉仕しないでしょうと同じことです。

「裁き」はここで聖書の比喩によると責務を意味します。同様に士師記という書の全体は裁判官や指導者からそう呼ばれています。詩編一二二編（一二二・五）に「そこにこそ裁きの王座が、ダビデ家の王座が据えられた」とあります。それと同じくキリストについても詩編一〇九編（一一〇・六）に「彼は諸国で裁くでしょう」、つまり異邦人の裁判官となるでしょう、とあります。また詩編七一〔七二・四〕で「彼は民の中の貧しい人たちを裁くでしょう」つまり「彼らを治めるでしょう」と言われます。また詩編九五（九六・一三）で「彼は公平に全地を裁き、その真実を傾けて民たちを裁くでしょう」とあります。

その意味はこうです。不敬虔の者たちは決して信仰者たちの裁判官や指導者となるほど昇進することはないでしょう。そうではなく彼らは集会の中に、つまり信者の集いの中にいないでしょう。すなわち彼らは正しい人たちの首位にも最下位にもいないでしょう。したがって「それゆえ不敬虔な者たちは裁きに堪えず、罪人たちは義人の集いに堪えないでしょう」と言えば、いっそう明瞭であったのです。彼らは神の僕としては全く評価されないでしょう。

だが、どうしてですか。わたしたちは不敬虔な指導者たちと悪人どもを追い出し、わたしたちの真ん中から追い払っているでしょうか。あるいは不敬虔な人たちが先導し、罪人たちが含まれるところには、信仰者の集いは存在しないのでしょうか。決してそうではありません。

預言者〔詩編作者〕は霊において語っているので、霊によって聞かなければならないと、わたしは言いました。ヨハネが「彼らはわたしたちから去っていきましたが、もともと仲間ではなかった」（Ⅰヨハ二・一九）と言っているように、ユダは使徒であったが、使徒でなかった。それと同じく不敬虔な者たちは〔支配者のように〕治めていて、人々には治めているように見えても、本当は治めていないのです。というのはゼカリヤも「羊を見捨てる羊飼いは、また偶像のように禍だ」（ゼカ一一・七を参照）と言っているからです。不敬虔の者たちは、その名によって人々の間で称賛されている「羊飼い」〔牧者〕と呼ばれていましたが、また同時にそれによって実は神に断罪される「偶像」とも呼ばれています。それと同様にキリストも、統治することが信仰者にとって重要ではないことをわたしたちが理解するために、現世では多くの不敬虔な者たちにはとてもつまらない報いしか与えていません。したがって両者〔信仰者と不信仰者〕は、麦の中に混ざった籾殻のように、振り分けられる日が来るまで、寛大に扱わねばなりません。

また、このことを詩編作者がはっきりと告示していることに、注意しなさい。彼は「不敬虔な者たちはそうではない」と前置きしていたので、他の節ではそれ〔不敬虔な者〕を繰り返す必要がなく、「それゆえに彼らは裁きに堪えない」と言うだけで足りたのです。また彼は「罪人たちの裁きに」〔堪えないのではなく〕、人物とか外的な人間の顔から目をそむけたのです。なぜなら富める人たち、権力者たち、何かその他の容貌は、すべて身体に所属するので、裁きに堪えることができ、正しい人たちの集いにいることができても、不敬虔な者たちと罪人たちは決してそうはできないからです。したがって「不敬虔な者たち」と「罪人たち」という用語では強調と〔喜劇の導入部に続く〕展開がとてもよく効果をあげています。実際には、かつ、霊においては彼らは先導しておりません。たとえ不敬虔な者たちが生活の外見ではとても際立っていても、誰よりも先頭に立ち、信仰者たちと関係があるように思われても、彼らは信仰者たちと何の関係もないのです。なぜなら、この詩編は、彼らを高慢にし、尊大な者となし、自分らと一緒に他の人たちをも誤らせる、このような仮面と偽善を攻撃するからです。そして次には、このことがこの詩節の意味であることを、これに続く詩節が説き明かします。

第六節

なぜなら主は正しい者たちの道を知り、
不敬虔な者たちの行路は滅びに至るから。

翻訳者は多様に訳すのを止めて、「不敬虔な者たちの道」と言うことができたでしょう。というのも〔原文は同じ言葉ですから〕「正しい者たちの道、不敬虔な者たちの道」と訳した方が〔両者の〕対立が遥かに鮮明であり、用語の単純さに役立ったからです。

不敬虔な者たちの道は素晴らしく見えるので、人々の下では裁きや民会の場で目立つほどです〈と詩編作者は言います〉。しかし欺かれないお方は、彼らの道を知っており、彼らが不敬虔であることを知っています。また彼らは神の前では教会の構成員ではありません。神は正しい者たちだけを知っておられ、不敬虔の者たちを知っていません、つまり承認しません。それゆえ彼らは全く信じないでしょうが、彼らの道は滅びるでしょう。わたしは主張します、とても成功して増大し、永遠に存続するように見えても、彼らの道は滅びるでしょう、と。わたしたちが見せかけの繁栄からどんなに見放されており、さまざまな試練と逆境がわたしたちに勧められているかを考えてみなさい。なぜならこの正しい者たちの道を、神もご存知ではないとみなして、人々は全く拒絶するからです。これは〔人々の目には隠された〕十字架の知恵でありますから、ただ神だけが正しい者たちの道を知っておられるのです。それは正しい者たちにも隠されているほど深いのです。なぜなら神はその〔恵みの〕右手でもって彼らを不思議な仕方でもって導きたもうからなのです。こうしてその道は感覚や理性の道ではなく、暗闇の中で見えないもの〔隠れたる神〕を見る信仰だけの道なのです。

したがってわたしたちは不敬虔な牧者たちに服従する場合、わたしたちは不敬虔な牧者に服従しているのではなく、人間どもに服従しているのです。つまり彼らの不敬虔に聴従したり、追随するのではなく、人間的な統治に耐えています。それに反してわたしたちはボヘミヤで起こったのを知っているように、不敬虔な者たちを追放したり、追い払ったりする者は、不敬虔な者たちを駆逐しているでしょうか。いいえ、そうではありません。彼らは人間を駆逐しているのです。なぜなら不敬虔の者たちが駆逐されても、不敬虔は残るからです。だが、彼が不敬虔から敬虔に導かれるとき、不敬虔は駆逐されますが、そのことは外的な暴力によってではなく、内的に祈り、外的に勧める愛によって、もし神が共に働いたならば、起こります。

このような理解を喜ばない人には、不敬虔な者たちとはとりわけユダヤ人であると告発した解釈にとどまるがよかろう。というのもその人は他の多くの場所でユダヤ人たちが教会から追放されるべきであると警告していたからです。しかし、異邦人たちも、また自分の不敬虔をはっきりと公言する者は誰でも、自分自身を教会から遠ざけ、教会も彼らを遠ざけ、破門します。彼らがどんなに自分らだけが教会であり、神の民であると誇示しようともそうなのです。

終わりに、わたしたちはとても名高い教父たち、とりわけアタナシオスとアウグスティヌスが伝えていることを討議すべきです。つまりわたしたちは詩編の心情の動きにわたしたちの心情の動きを適用させ、適合させるようにしなさいということです。なぜなら詩編は〔心情を鍛える〕格闘技練習場や鍛錬場に他ならないのですから。霊によって歌わない者は、歌っても実〔成果〕をもたらしません。こうして「不敬虔な者たちの計りごとに歩まない人は幸いである」（詩一・一）とあなたが読むとき、同時に心情を動かし、不敬虔な計りごとを避け、その赦しを求めるべきです。それはあなたのためばかりか、まったく教会全体のためにそうすべきです。同じく「罪人らの道」や「疫病の教え」（同）についてあなたが聞くときにも、そのようにすべきです。なぜなら異端者、また不敬虔に判断したり、教えたりしている者なら誰でも、この火（すなわち愛の情熱）によって焼き尽くされてしまうからです。この火をわたしたちが軽蔑したので、「神はわたしたちを堕落した想念に引き渡した」（ロマ一・二八を参照）のです。こうしてわたしたちは死刑執行人となって異端者を普通の火で焼き、また逆にわたしたちも焼き尽くされることになります。

同様に「しかし彼の意志は主の律法にある」（詩一・二を参照）とあなたが歌うとき、もうすでに神の律法を愛しているかのように、いびきをかき、平気で自分を賞めたりしてはなりません。そうではなく地に火を投じるために到来されたお方だけにできるかぎり情熱の火を燃やして嘆息すべきです。あなたが生きているあいだは、未だ主の律法を愛しておらず、この律法の意志を激しく熱望する者であるとは異なる仕方で、あなた自身を考えてはいけません。

それゆえあなたが正しい人にはすべてが栄える（三節を参照）と聞くときには、そのことがあなたにも起こるように願うべきであって、誰であれ逆境に立っているすべての人たちのためにも嘆願すべきです。同じく「葉がしぼまない」ように嘆願すべきです。それは人間の作り話や夢物語が退けられて、純粋な神の言葉がキリストの教会で繁栄するためなのです。もしそのような事態が起こるのをあなたが観察するならば、あなたは幸いとなり、喜んで、神の恵みに感謝すべきです。あなたは自分にできないことをするように強制されていると考えてはいけません。試してご覧なさい。そうすればあなたは喜び、感謝するでしょう。

わたしには分かっています。まず詩編の一つを、それどころか詩編の一節を用いてみなさい。もしあなたが一つの節を一日でも、あるいは一週間でも心情をもって生けるものとして、また、霊感を授けるものとして学んだとしたら、あなたは十分に進歩しています。はじめにこのようになさると、すべてはそれに続いて起こり、知解と心情のきわめて完全な宝があなたに到来するでしょう。あなたが倦怠や絶望によって着手することを妨げないようにしておいて、ただ実行してみなさい。なぜならこのように実行することが本当に詩編を奏でることであり、ダビデについて聖書が語っているように、手で竪琴を弾くことなのですから（サム上一六・二三参照）。というのもあの弦の上を走り、つま弾く竪琴奏者のなめらかな指は、まさしく心情の活動であって、詩編の言葉の中を走り回っており、竪琴をつま弾いているからです。この活動がないと弦は響かないし、それに触れないと、詩編は歌われません。

このことをわたしはこの最初の詩編で一度勧告しておきたかった。それは一つ一つの詩編で繰り返し同じことを警告しなくてもよいためなのです。だが、わたしに分かっていることは、もしこのことで誰かが熟達しているとしたら、その人によって解釈者のすべてが授けうるすべてよりも、多くのものが詩編の中で見いだされることでしょう。聖ベルナルドゥスがこの方法に熟達しており、彼の教育のすべての貯えをここから取り出していたことをわたしは知っています。同じことは聖アウグスティヌスやその他の人たちでも気づかれていると思われます。それゆえわたしたちも同じ泉からこの命の水を飲むべきです。

それはわたしたちがあの預言者アモスの嘲笑を受けないためです。「彼らはダビデのような楽器(つまり詩編)をもっていると思っている」(アモ六・五)。また「あなたの歌の騒音を、わたしの前から遠ざけよ。あなたの竪琴の歌をわたしは聞きたくない」(同五・二三)。確かに精神も霊もなしに神殿の至るところに満ちている叫び声やざわめきを神がどのように感じておられると、あなたには思われますか。それは何か蠅の群れのざわめきに他ならないでしょう。それが神に気に入られるとあなたが信じるということを加えるなら、あなたは生ける真実な神から愚弄と幻想とを作りだしていることになるでしょう。

マルティン・ルター

詩編八「人の子とは何か」の講解（一五三七）

ダビデの詩編、博士マルティン・ルターによる講解説教

わたしたちの愛する主にして救い主なるイエス・キリストについて少しばかり話してみましょう。というのも彼が〔再び〕到来されるまで、彼のことを追想するようにわたしたちに命じられたからです。なぜなら彼はわたしたちが彼のことを決して忘れてはならないほど尊いお方ですから。彼について説いて聞かせる機会をもつために、わたしたちはダビデの詩編第八編を取り上げましょう。それはわたしたちの主イエス・キリストについて書かれておりますので、同じ預言者がわたしたちに語ったままにそれを受け取りましょう。

一　主よ、わたしたちの支配者よ、
あなたの御名は全地にいかに輝かしいことでしょう。
天においてもあなたに感謝が献げられます。
二　幼子や乳飲み子の口からあなたは力をあなたの敵のゆえに創ります。
それはあなたが敵と復讐心に燃えている人を根絶するためです。
三　というのもあなたの指のわざなる天、
あなたの創りたもうた月と星を見るからです。
四　あなたが心にかけたもう人間とは何か。
またあなたのものとみなす人の子とは何か。
五　あなたは彼をしばらくの間神から見放させたが、

栄光と威光を冠としていただかせられる。
六　あなたの御手のわざを主として治めさせ、
すべてをその足の下に置かれた。
七　羊も牛も皆すべて、それに野の獣を加えられる。
八　空の鳥、海の魚、海路を渡るものも。
九　主、わたしたちの支配者よ、
あなたの御名は全地にわたっていかに輝かしいことでしょう。

預言者ダビデはこの詩編を書きました。「ダビデの詩」という表題もダビデがこの詩の作者であることを証言しています。表題には「ギティトに合わせて歌われるように」とも書かれています。「ギティト」という言葉は詩編第八一編と詩編第八四編にも出ています。アラム語のテキストは常にキノラという言葉を用いていますから、「ギティト」弦のある楽器、つまりハープやバイオリンであったとわたしは考えています。ダビデの時代には音楽は今日のようには芸術的なものではなかったのです。一〇の弦があるプサルテリウム(1)が人々がやっともてる最高で、もっとも華麗な、もっとも芸術的な楽器でした。その他の普通の楽器は三弦か四弦のものでした。しかし今では音楽は非常に発達し、わたしたちは多くのとても芸術的に豊かな楽器をもっています。しかしダビデの時代にはただ竪琴、ハープ、バイオリン、パイプ、シンバル、その他があっただけです。

だが「ギティトに合わせて歌われるように」と表題に書かれていることは、祭司やレビ人がこの詩を歌い、他の人がハープやバイオリンを演奏したという意味に取るべきです。ダビデは四千の歌い手に主を讃美するように命じ、その歌い手を四つのグループに分け、主の契約の箱の前であらゆる種類の弦楽器でもって神を礼拝し、感謝し、讃美するように命じたことがあります。したがって歴代誌上の第二五章に見られるように、一年中シンバル・竪琴・ハープでもって絶えず歌と鳴り響く音がなければなりませんでした。ダビデ自身は歌集を作りましたので、人々は神を褒め讃え、そのわざを称賛するために歌わねばなりませんでした。それゆえにこの本は名前をもっており、セフェル・テヒリーム[2]、つまり讃美の本とか感謝の本と呼ばれました。そういうわけでその中には感謝の詩編が沢山あって、あらゆる種類の祝福のために神に感謝し、神を称賛しています。そこにはもちろん敬虔な人たちに対する多くの預言と約束また不敬虔の者らに対する警告とが混入されています。祭司たちやレビ人たちはそのようなダビデによって作られた感謝の歌をうたい、弦楽器で響かすように命じられておりました。このように詩編の表題について短く述べられています。

　この詩編は美しい詩編の一つでして、キリストについて燦然たる預言を告げています。そのなかでダビデはキリストの人格と王国を書き記し、キリストが誰であるかを教えています。つまり彼がどのような王国をもっているのか、またどのようにそれを形成されたかを教えています。この王はどこで支配しているのか、つまりそれはあらゆる国であって、しかも天においても支配している。また何によって彼の国は創設され、治められているのか、すなわち、それはただ御言葉と信仰によってのみであり、武力でも甲冑によるのでもないのです。そんなわけでこの詩編は次のように始まっています。

(1) 竪琴のような中世のツィター型撥弦楽器、十弦の琴を言う。
(2) Sepher Thehillim というのはヘブライ語聖書における詩編の名称である。

第一節

主よ、わたしたちの支配者よ、
あなたの御名は全地にいかに輝かしいことでしょう。
天においてもあなたに感謝が献げられます。

彼〔詩編作者〕は王のほうに向かって、次のように言いたいかのように呼びかけます。「王よ、あなたが地上に来られる前に、ユダヤの国のほんの小さな狭い片隅とエルサレムで、あなたは人々に称賛され、感謝されます。しかし、あなたの到来した後では、狭い片隅やユダヤの地ではなく、天が広大であるように広く全世界のすべての国で、それとは違う響きや歌また称賛と感謝が起こるでしょう」と。このことによって彼は、この詩編の発端から直ちに、この到来する王を通して神に対する称賛と讃美が地の全世界にわたって追求されるべきことを預言し、かつ、宣教しています。

主よ、わたしたちの支配者よ、

しかし彼はこの王を「主」また「支配者」と呼んでいます。それは二つの名前です。聖書の全体において「主」〔ヤハウェ〕という言葉は荘厳なる神の他には誰にも使ってはなりません。なぜならそれは神の偉大な名前なのですから。この名前はわたしたちのドイツ語聖書では、他の名前と区別するために、大文字でもって書かれています。地上のどんな被造物にも、そうです天上のいかなる天使にも「主」(ヤハウェ)という名前は付与されるべきではなく、ただ神にのみ付与されるべきです。それゆえそれは特別にして、かつ、適切な神の名前であって、「正しく、真正にして、永遠な神」を意味します。

しかしアドン(Adon)という言葉、つまり主や支配者は、普通名詞であって、聖書はそれを君主や家主のためにも使っています。それは神が主と呼ばれるような「主」を意味しません。そうではなく人間のような主人たちと領主たちを言います。そんなわけでサラはアブラハムを彼女の主人と呼びます。「自分は年を取り、主人も年老いている」(創一八・一二)。またヨセフはファラオの侍従で宮廷に仕える人ポティファルを「主人」と呼んでいます(同三九・八)。この人はヨセフをイシュマエル族から彼のところに連れてきたのです。「神がわたしをエジプト全国を治める主人となしたのです」(同四五・八)と言ったとき認めているように、ヨセフ自身もエジプト人から「主人」と呼ばれています。またアロンはモーセを「主」と呼び、「どうか怒らないでください」(出三二・二二)と言った。それと同様に多くの箇所でこの言葉は使われています。したがってこの言葉「支配者」はここではその隠された天上的な存在における荘厳なる神を意味しないで、父のような主人であり、主人にして神であり、かつ、そう呼ばれ、御子も主人にして神であって、そう呼ばれます。同様に聖霊もそのような存在であって、主にして神と呼ばれます。だがそれは人間的な本性とこの王のわたしたち人間に対する外的な支配を意味しています。

今この王は「主よ、わたしたちの支配者」と呼ばれていますから、そこから帰結するのはこの王が真の神にして真の人間でなければならないということです。というのも、もし彼が真の神でないとすると、彼は「主」であることもそう呼ばれることもできないでしょう。そのわけは神がその名前と栄光とを他の人に授けることはできないからです。イザヤ書四二・八には「わたしは主、これがわたしの名前、わたしは栄光を他の人にわたさず、栄誉を偶像に与えることはない」とあります。他方彼がもし真の人間でないなら、わたしたちの支配者となることができません。そのわけはわたしたちの支配者は、その国と統治を人間の上にもつべきですから、人間でなければならないからです。こうしてこの王は主、つまり神であり、またわたしたちの主もしくは支配者はつまり人間です。したがって彼は神に等しくあり、また人間でもあるのです。

さらにそこから帰結することは、単にこの王が自己自身において真にして永遠な支配権を所有するばかりか（そこでは彼が支配権も臣下も必要としていないから）、また地上におけるわたしたち人間に対して真の本性的な人間として支配権を所有していることです。彼が主であり神である点では彼は支配権を必要としておりません。しかしながら彼が人間となった点では支配権が必要なのです。もしそうでないとすると、人間に対する支配者という名前もないし、支配者と呼ばれることができないでしょう。それゆえ彼はわたしたちに関わり、わたしたちの支配者・君主・権威者となるため、またわたしたちが領地や家臣となるために、地上に到来したまい、人間と成られました。彼は自らの永遠にして神的な本性と存在にもとづいて主であり神でありたまいます。彼が支配者であるのは彼の人間的な本性と彼の職務と王国にもとづいており、その王国では彼はわたしたちの主権者であり、わたしたちは彼の家来です。

こうしてキリストは今や分割できない神的な存在としては御父と聖霊と共に真の永遠な神であり、また、真の自然的な人間として地上に到来され、わたしたちに奉仕してくださいました。またわたしたちのために王国を建てられました。その国でわたしたちは神を享受することができるのです(1)。このために彼はただ神性のもとに自己自身のために留まっているばかりか、またわたしたちと等しくなり、わたしたちの支配者と成られたのです。それはまた詩編九五編(六節と七節)が「来て、わたしたちを創造した主を崇拝し、跪き、ひれ伏そう」と言っている通りです。

しかしダビデはペルソナの統一性を頑固に主張する。彼は王であるキリストに偉大な神的な名前である「主」と小さな人間的な名前「支配者」という二つの名前を与えます。こうして彼はキリストのうちに二つの本性、神の本性と人間の本性とを指し示すのですが、彼はそれでも二つの本性を語らず、ただ一つの主と支配者について語ります。このようにして彼はキリストと主と支配者とが一つの人格であるという、人格の唯一性を指し示します。彼は諸本性を区別し、それぞれの本性に個別的な名前を与えます。それでも彼は人格を分けないで、人格を非分割的に保ちます。聖霊によってキリストについて預言している通りに、この預言者がわたしたちより先に語ったように、そのままにしたがっていきましょう。

つまりキリストが主であり、わたしたちすべての支配者であり、二人の主でも支配者でもなく、二人のメシアでも二人の王でもなく、唯一の主で、わたしたちの支配者、唯一の主にして支配者、唯一のメシアにして王であるとしましょう。

これが三つの崇高な教義条項であって、ダビデはここに簡潔な言葉でもってそれを述べて、かつ、告白します。第一に、この王は二つの本性をもち、したがって彼は真の神であり、人間であります。第二に、この王は分割できない人格であり、二つの人格でも二つの王でも、二つの主にして支配者でもなく、一人の人格、一人の王、一人の主にして支配者であります。というのもダビデは神の名前と栄誉をこの主もしくは支配者、つまりこの人間のものと考え、彼を主、つまり神と呼ぶので、この同一の主と人間は他の神でも偶像でもなく、御父と聖霊と一緒に正しく本性的な神なのです。またも彼はこの主に、つまり神に、人間の名前と性質を授け、人間が支配者であり、支配するような仕方で、それを「支配者」と呼ぶので、この同じく主にして神であるお方は真の人間でなければならず、罪を除いてすべての点で人間に似ていなければならないのです。彼はこの「主」と「支配者」を結びつけて、この「主」と「わたしたちの支配者」は二つではなく一つであると言います。こうしてこの「主」は「わたしたちの支配者」と同じとなり、この主にしてわたしたちの支配者は唯一の人格でなければならないのです。第三の教義事項はこの主つまり神は人間となり、すべてに優る御父から支配・権力・栄誉を神から受け取ることになります。御父がこの人間にして支配者にどのような支配と国を授けるかは、この後で語られるでしょう。

あなたの御名は全地にいかに輝かしいことでしょう。

これまで彼〔ダビデ〕はこの王について述べてきて、この王が真に永遠な神にして真実な人間であって、わたしたち人間に対する身体的主にして支配者であることを述べてきました。彼は今や自分の国の問題に突然入っていって、わたしたちの支配者であるこの主があらゆる国の中で崇高な名前をもっていると言います。これがどのような種類の名前であるかを聖パウロはフィリピの信徒への手紙第二章〔九―一一節〕で次のように語って教えます。「神はキリストを高く上げ、あらゆる名に優る名をお与えになりました。それは天上のもの、地上のもの、地下のものがすべて、イエスの御名にひざまずき、すべての舌が〈イエス・キリストは主である〉と告白して、父なる神をたたえるべきです」。またローマの信徒への手紙第一章〔四節〕で、使徒は言います。「父なる神はその子を死者から甦らせ、聖霊によって諸々の言葉・徴・奇跡を通して全世界にわたって彼に栄光を授けました。それはわたしたちが、彼が神の子であることを告白し、知るためです。神はその子を相続人となし、すべてのものの頭《かしら》となさいました」。

同様に素晴らしい仕方でもってダビデは、ここにエルサレムの小さな片隅から、全世界を通して強力に、かつ、輝かしく反響する、一つの布告が到来することになるのを知っております。それは真に神と人であるイエス・キリストがそのような主であり支配者であって、彼にはその人間性にもとづいてすべてのもの――天使・人間・罪・死・世界・悪魔・地獄・天上で、地上で、地下で名づけられているものすべて――が服従させられています。

それはまことに優れた大いなる名前であって、すべてに優って崇高なものでしょう。そのように偉大にして崇高な名前が、この主にして支配者に帰せられたように、地上の一人の人に帰せられたことを、実際、誰がかつて聞いたでしょうか。ローマ皇帝・王・教皇、またトルコの王様でさえも、この主と支配者に比較すると〔トランプ遊びの〕カルタの王様のようです。この人たちは偉大な称号や名前をもっており、強大で、かつ、無敵であり、またもっとも恵み深い等々と呼ばれているかもしれない。ところがこちらの王は、すべての国々で真の神にして人間である、強力な主にして支配者である、と宣教されており、天も地もその中にあるすべては、つまり天使たち・人間ども・諸々の悪魔・死・生・罪・義は服従させられ、支配されているのです。

預言者ダビデはこのように偉大な、崇高な名前にとても驚愕してしまって、それについて十分に思いめぐらすことができないし、大いなる驚異に打たれたため、それについてどのように話してよいのか、どのようにこの名前を呼んだらよいのか、分からないのです。この王について全世界に説教し、歌い、語るのは、余りにも高尚であり、とても崇高なことです、と彼は言います。つまり「ああ、愛する王様、あなたは何と偉大な主にして支配者でありますことか。あらゆる国々で何と崇高なお名前をあなたはもっておられることか。それについて語り得る言葉をわたしはどこで見つけることができますか。わたしの想念ではそこに達しないし、ましてやわたしは言葉でそれを語り尽くすこともできません。そのように崇高なお名前を全世界の王であるあなたはおもちなのです」と彼は言うのです。

そして確かに偉大にして崇高なこの名前は、人がそれについて不審の念を抱くように要求するのです。もし癒すことができない一つか二つの病と悪疫を癒すような医者が地上で見つかるとそうなります。そうです、医者が二、三の人間を死から救い出したりすると、世界ではどんな称賛と名前がそのような医者に授けられると、あなたはお考えですか。同様に、君侯とか王が盲人に視力を授け、悪魔を追放し、死者を甦らせる力や権力をもつならば、すべての人は彼について「それは主である」と歌い、かつ、語ったでしょう。もしローマ皇帝が重い皮膚病患者の病を癒すことができたならば、たとえ彼がまだ皇帝ではなくとも、直ぐに皇帝となるでしょう。これらすべてを、この王と支配者が人々の子らに行ったこと、なお日々に行い、最後の審判の日まで世界中に行うであろうことと比較すると、どうなるであろうか。というのも彼は多くの罪人の罪を赦したし、なお日ごとに赦しを行い、多くの盲人を見えるようになし、多くの重い皮膚病患者を清め、多くの者を死から復活させ、生ける者となし、最後の審判の日にはすべての人を甦らせ、生ける者となしたからです。したがって、それは卓越した崇高な名前であって、それについてすべての人は当然驚嘆したことでしょう。また精神が豊かで、理解力が高くあるに応じて、キリスト者たちの間では驚嘆が大きいでしょう。

天においてもあなたに感謝が献げられます。

「この王はわたしたち人間の上に立つ〈主〉にして〈支配者〉であるのに、それでもわたしたち人間は地上にいるのですか」と彼は言っていますが、それはどういう意味ですか。また彼の名前はすべての国で天に起こる感謝によって光栄あるものとなるべきです。彼の名前が地上で宣教されているのですから、どのように人は天において感謝するのですか。どのように辻褄を合わせるのですか。どのように彼の名前はわたしたち人間によってすべての国で栄光あるものと宣教されるのですか。それでも彼に対する称賛と感謝はわたしたち人間によって天で与えられると言うのです。わたしたち人間は下の地上におり、同時に上の天にいることはできません。天と地を互いに混合するとしたら、どういうことになりますか。答え、このことはキリストの王国の流儀と本性にしたがって語られているのです。それは稀な驚くべき国なのです。それは地上的な、消滅しやすい、死すべき王国ではなく、永遠で、移り行かない、国なのです。キリストの国の市民は地上的で、消滅しやすく、死すべき人間であって、地上のあちこちに散らばって国々に住み、生活していますが、それでも同時に天上の市民なのです。

どうしてそうありうるのですか。あるいは、どのようにこの国は形成されたのですか。この王ご自身が、ヨハネ福音書一八・三六に語っているように、総督ピラトの前でお話しになったことを、聞きなさい。「わたしの国はこの世の国には属していない。わたしの国がこの世に属していれば、わたしがユダヤ人に引き渡されないように、部下が戦ったであろう。しかし、実際、わたしの国はこの世には属していない」と。だがその後直ぐに、「そうです、わたしは王です。わたしは真理について証しするために生まれ、この世に来たのです。真理に属する人はわたしの声を聞く」(三七節)とあります。このように彼は彼の王国とこの世の王国を鋭く区別し、この王国がどのように形成されたかを教えます。彼は言う、「皇帝の国はこの世のものであり、この世と一緒に終わります。しかしわたしの国はこの世に由来しませんし、たとえこの世にあったとしても、この世には属していません。この世の国と一緒に終わらないで、他の国に属しており、永遠にながらえます。わたしの国に関するかぎりローマ帝国はそれが欲するだけ存続します。というのもこの世の王国が建設され、強化され、保たれているようには、わたしの国は外的な権力や物理的な剣でもって建設され、強化され、保たれていないからです。そうではなく御言葉と信仰と霊によって建設され、強化され、保たれているのです。この世は悪人・偽善者・虚言・虚偽・不義に満ちています。外的で世俗的な統治はたとえどんなに徳・誠実・公正でもって設立され、最善に捉えられていても、神の前では虚偽と虚言に満ち、そこには神の前に立ちうる誠実さと真実さはありません。だが、わたしの国は真理の国です。そのためにわたしは生まれ、世界にやってきたのです。それはわたしが真理を教え、人々が真理を聞いて受容し、真に正しい人間となるためです。そういう人は他の世界に属し、そのわざは神によってなされるのです」と。

そんなわけで、ダビデは今や次のように言おうとします。「わたしたちの支配者である王よ、あなたは主の主、王の王である(黙一七・一四を参照)。あなたのみが不死であり、近寄りがたい光の中に住まいたもう(Iテモ六・一六を参照)。あなたの国は世界にまで広がり、それでもあなたの国は永遠に天上的な国です。あなたは天における王であっても、あなたの国を地上にもとうとされる。そうです、地下の地獄にもともとうとされる。というのも天上にあろうと、地上にあろうと、地下にあろうとも、何ものも、あなたがその上に権力をもち、助けることができないほど、高くも深くもないからです。そんなわけで地上のあなたの国で、あなたの名前を宣教し、祈り求め、称賛し、感謝する人々は、彼らが地上の全世界にわたって散らされて住んでいても、天にあるでしょう」。

したがってこれらすべてのことは、キリストの王国の性質にしたがって語られています。その王国は天上の王国にして永遠の生命の国であり、真理の国、平和の国、歓喜・義・確実性・至福・あらゆる善の国です。この国においてキリストは地の王であって、神の右に高められ、すべてに優る頭《かしら》として据えられ、罪・死・悪魔・世界の只中にあっても彼に属するキリスト教徒たちを福音と聖霊にもとづいて治めています。また彼らは身体的には地上で生きていても、キリストはその御国・御言葉・御霊・信仰の力によって彼らを天上に据えておられます。

預言者〔ダビデ〕はこのようなことをすでにその当時、キリストがどんな種類の王であるのか、その支配と王国はどのようになるかを洞察しておりました。ユダヤ人たちは今日でも、メシアが大軍勢と多くの軍人をしたがえて到来し、世俗の帝政を建設し、多くの金と銀を分配し、ユダヤ人を助けて大いなる栄誉と権力および栄誉を授けることを待望しております。しかしながらダビデはメシアを全く違ったように描き、彼の王はわたしたちの支配者で王となり、また彼の国はその名前が全世界に宣教され、天において彼が感謝されるとき、栄光に輝くであろうと言います。そこでは金や銀について何も語られず、国々と天における説教と御言葉、称賛と感謝が語られます。この支配者の統治と国は、わたしたちがこの地上でも天にいることを経験しはじめ、遂には天上に昇っていってそこに永遠に留まるように尽力してくれます。わたしたちの身体がなおしばらくの間地上にあるとしても、この王の国はここではわたしたちが霊と魂において天にあるように助力します。だが、かしこでは身体と魂を携えたままで啓示と〔神の〕直視に入るようにわたしたちを助けます。というのも、わたしたちはキリストを使って食べたり飲んだりするために、金や地上の幸福を享受するために、キリストの洗礼を受けたのではないからです。なぜなら彼は洗礼を受けなくてもそのようなものをわたしたちに授けてくださるからです。彼はまたそのような善いことを彼から期待するように別の国を建設し、かつ、組織しました。わたしたちが彼のもとで洗礼を受け、彼を信じたのは、天国に行って永遠の至福を受けるためです。この地上ではキリスト教徒は、他の人と同じく、身体にしたがって生き、食い飲みし、働き、業務を遂行します。ところが彼の心、その意向と想いとは、天上にあって永遠の至福を獲ることであり、この希望が確実であることに向けられています。

これらのことを注意して記憶に留めましょう。主、わたしたちの支配者はそのような支配と国を建設し、たとえ身体において国々にあちこちと散らされて住んでいても、そこではわたしたちが霊・心・魂においてすでに天上にあるように用意してくださったのです。パウロはフィリピの信徒への手紙第三章〔二〇―二一節〕で「わたしたちの本国は天にあり、そこから主イエス・キリストが救い主として来られるのを待っています。万物をも支配下に置くことができる力によって、主はわたしたちの空しい身体をご自分の栄光あるからだと似たものとなるように変えてくださいます」と語っています。彼が言うには、わたしたちの国籍や祖国はこの地上にはなく、天にあって、そこにわたしたちは真の存在と生命をもっています。そこでは皇帝も教皇もその存在をもってしても何もすることができません。そうではなく主なるイエス・キリストが何かしてくださいます。そこではわたしたちは神の市民であり、相続人であり、キリストとともに兄弟であり、共同相続人なのです。そうです、わたしたちはそこでは心では霊と信仰にしたがってすでにそこにあります。なぜなら、子供の信条が教えているように、わたしたちは「聖なるキリストの教会、肉体の復活、永遠の生命」を信じているからです。それゆえわたしたちは、このような確実な希望をもっており、確信をもって終わりの日に復活し、永遠の生命をもつようになることを期待しています。

これが身体を携えてではなく、心と魂が信仰と希望によって、本当に天に生きることとの意味なのです。わたしたちの心は御言葉に対する信仰でもって聖霊の力を通して天上の生活を把握します。しかし、わたしたちはわたしたちの「蛆虫がつまった古い袋(2)」がまず完全に清められ、その後で裁きの日が来るのを待たなければなりません。現在は肉がまだわたしたちにくっついており、わたしたちの魂は暗い牢獄にいるように衰弱しているため、わたしたちの祖国と天上の相続の栄光を見ることができません。だが牢獄が壊されるとき、わたしたちはそれを曇った鏡で部分的にではなく、完全に、パウロがコリントの信徒への第一の手紙第一三章で言っているように、「顔と顔とを合わせて」見るように見ることでしょう。

ダビデはこのようなことを霊において見ており、認識しました。それゆえ、彼はとても喜んでそれについて語り、キリストとその御国についてこのように輝かしい預言をなし、心のすべてをあげてこの預言が実現するのを見ることができるように願いました。だが彼はそれを見ませんでした。ところがわたしたちはそのような預言が実現したのを知っています。なぜならこの支配者の名前は、福音の宣教によってすべての国々に喜ばしい反響をもって伝えられているからです。しかしながら、すべて敬虔なるキリスト教徒たちは個人的に彼と会いたいと願っております。わたしたちは彼の名前をもっているだけで、その人格を所有しておりません。わたしたちは説教によって人格を欠いた言葉を通して彼が到来し、処女から生まれ、死者の中から甦り、永遠の王国を建設し、わたしたちは洗礼を通してこの王国に入れられ、魂にもとづいてすでに天にある、と聞いているだけです。わたしたちが今や墓に入っていって、そこに最後の裁きの日に至るまで横たわっているとき、わたしたちの支配者である主――そのお名前をわたしたちはすべての国で宣教しており、天におられる彼に感謝している――は次のように言われることでしょう。「墓の中から出てきなさい。そして天にある永遠の国をもちなさい。したがって身体にもとづいてももちなさい」と。

ダビデが「わたしたちの支配者の名前が全地に輝くように」また「そのとき天にある支配者に感謝するように」と語ったことを、あなたはこのように理解すべきです。というのもキリストの国は地上にあり、全地にありますが、それでも同時に天にもありますから。それは地上のものでも、身体的なものでも、死すべき王国でもなく、永遠の国ですから。だからこそ、それは福音書でも「天の国」と呼ばれるのです。この王国に迎え入れられた人は、身体と肉にしたがうと地上にあっても、霊と魂にしたがうとすでに天にあるのです。魂はその天上の食物をもっています。なぜなら魂は身体のように地上から生えず、養われないで、別の食物、つまり天から来る生命のパンをもたねばならず、身体的なパンによって養われないからです[3]。それはヨハネ福音書六・五〇に「天から降ってきたパン」とある通りです。人が魂のための食物や飲み物を見いだすことができるキッチンや貯蔵室はどこにありますか。天にあります。つまり地におけるキリスト教世界にあります。そこにわたしたちの支配者である主は、その御国を、天に属するキリスト教世界をもっておられます。そこでわたしたちの魂は養われ、天上のよきものを味わうのです。

彼は王に向かって言う、「主よ、わたしたちの支配者よ、あなたの御名は全地にいかに輝かしいことでしょう。天においてもあなたに感謝が献げられます」と。つまり、「あなたの小さな群れは、あなたに感謝します。それは全地に散らされていますが、それでも同時に天におります。なぜなら、あなたの国が地にあっても、同時に天にあるのと同じですから。それと同じようにあなたの小さな貧しい群れは、身体的には地に散らされていますが、それでも心・魂・霊においては天にあります。あなたの御国は地に広がっていますが、それでも地上的ではなく、天上的な国なのです。そのように地上におけるあなたの信者たちの存在と生活は地上的ではなく、天における天上的な存在なのです。彼らのあなたへの感謝と称賛は、あなたの名前が宣教される全地にすでに起こっていますが、それでもそれは天上的な称賛と感謝なのです」。というのも、魂は神の霊によって照明されると、そのような称賛と感謝をするように促されます。キリストに対する信仰と認識がないときには、そこには人々が教皇やトルコ人のもとで見るように、空しい称賛と感謝しかありません。彼らはしばしば断食・祈禱・称賛・感謝を実行しますが、それでも、それらは空しく・地上的で・肉的なものであり、人間的な空虚なものであって、御霊や何か天上的なものではありません。

このことについて愛する聖なる使徒よりも上手に語っている人は誰もいません。使徒パウロはコロサイの信徒への手紙三・三―四で「あなたがたの命は、キリストと共に神のうちに隠されています。あなたがたの命であるキリストが現れるとき、あなたがたもキリストと共に栄光に包まれ現れるでしょう」と語っています。また聖ヨハネもヨハネの第一の手紙三・二で「愛する者たち、わたしたちは今すでに神の子ですが、自分がどのようになるかはまだ示されていません。しかし御子が現れるとき、御子に似た者となるということを知っています。なぜなら、そのとき御子をありのままに見るからです」と語っています。彼らはこれよりも素晴らしく、また美しくそれについて語ることができませんでした。一人のキリスト教徒と信徒は神の子であって、天にいるのです。しかしそれはまだ隠されていて、明らかになっていません。悪魔と人間はそれを見ておりません。確かにそれはわたしたちの目にもその反対であるように思われます。けれども今、神の子供である人たちは、前進していって、全地でキリストの名を称賛し、天において彼に感謝します。

(1)「神を享受する」というのはアウグスティヌスが使った概念であって、「享受とはあるものにひたすらそれ自身のために愛をもってよりすがることである」と規定される。それは「使用」と対立し、「使用とは、役立つものを、愛するものを獲得するということに関わらせることである」と言われる（『キリスト教の教え』Ⅰ・4・4）。このように享受は目的自体に向かい、それに「愛をもってよりすがる」（amore inhaerere）運動として規定される。享受が「よりすがる」というのは愛の情熱的な本性に由来する。

（2）Madensack とはルターの好んだ表現で身体の穢れを意味する。

（3）ワイマル版では否定の言葉が欠如しているので補って訳す。

第二節

幼子や乳飲み子の口からあなたは力を敵のゆえに創り、
敵と復讐する者らを絶ち滅ぼされます。

この節で詩編作者は支配の仕方を述べ、それがどのような種類の支配と国であるのか、わたしたちの支配者である主がどのように、また、何によってそれを指示するのかを示します。つまり人間の口を通してそれをなさることを示します。このためにはどんな種類の人々を用いられるのか、幼児や乳飲み子を用いられるのかを、どのように彼はそれに対処するのか、世界には全く馬鹿げた仕方であるのかを示されます。またそれによって主は何を実現なさるのか、つまり彼は敵と復讐者らを絶滅なさるのかを示されます。

詩編作者はキリストの支配と王国をその強さと力のゆえに「支配権」と呼んでいます。というのもヘブライ語の Oz は力・支配権・暴力〔激しい力〕を意味しますから。聖書ではしばしば王国を意味します。たとえば創世記四九・三には「ルベンよ、お前は私の長子、わたしの勢い、わたしの最初の〔命の〕力である」とある通りです。詩編一一〇・二には「主はあなたの力強い杖をシオンから派遣する」。これがその語の使い方であって、「主はあなたの力の杖となられる」もしくは「あなたの国をシオンから派遣する」を意味します。したがってここでは、「主よ、あなたは強力な支配を整えますが、それは支配し治める力なのです。あなたは強力な支配を創設し、力ある強力な国を建設されます。それは確固として存続し、世界のすべての力に逆らって確かに存続するでしょう。そうです、地獄のすべての門に逆らいます」と言われます。

主は何によってそのような力と国を創り、どのような種類の人たちをそのために使われるのか。詩編作者は言います、「幼子や乳飲み子の口によって支配権を創設した。あなたは一つの支配権を創りました。あなたは一つの支配権を創ったか、それともあなたは罪・死・悪魔・世界に対抗する支配権と威力に満ちた一つの国を創られました。それも物理的な武器・甲冑・刀・小銃によってではなく、人間の口によって、汚れていない乳飲み子の口によってなのです」と。これがキリストの国が創られた方法なのです。つまり人間的な暴力・知恵・計画・権力によってではなく、御言葉と福音によって創られ、こうして幼児や乳飲み子によって宣教されています。トルコ皇帝は刀でもってその国を強化し、強固にします。しかしキリストはその御国をただ口述の御言葉でもって創り、強化し、堅固にします。

「幼児」という言葉でキリストは話すことができない幼い子供を呼んではいません。（というのも彼らが御言葉を語り、宣教するようになるためには、話すことができねばなりませんから。）そうではなく役立たない、単純な、無邪気な人々であって、彼らは幼児に似ています。彼らは理性をすべて無視し、素朴な信仰でもって御言葉を捉え、かつ、受容し、子供のように神によって導かれ、指導されるのです。そのような人たちはマタイ福音書一一・二五でキリストが「天地の主である父よ、あなたをほめたたえます。これらのことを知恵ある者や賢い者には隠して、幼子にお示しになりました」と語っているように、キリストの国における最善の生徒にして教師なのです。また詩編一九・七〔八〕でダビデは言います、「主の証言は単純な者を賢くする」と。さらに詩編一一九・一三〇には「御言葉が啓示されると、光が射しだし、無知な者を賢くします」とあります。

「乳飲み子」によって詩編作者は母の胸にあって乳を吸っている人たちを意味しておりません。そうではなく人間的な夢や思いを全く加えずに、純粋な、かつ、偽りのない御言葉に寄りすがっている点で、乳飲み子に似ている人たちを意味しています。なぜなら新しく生まれた子供は乳飲み子のようにその母の乳で満足し、母の乳の他どんな食物をも欲したり求めないからです。したがって彼らは純粋な混じり気のないキリストの福音の他にはその魂のためにどんな食物をも欲したり求めたりしません。そのように聖ペトロはペトロの第一の手紙二・二で「生まれたばかりの乳飲み子のように、混じり気のない霊の乳を慕い求めなさい」と語っています。彼は福音を理性的な〔思慮深い〕、つまり人が霊魂でもって把握すべき霊的な乳、また、肉的な感覚ではなく、純粋な信仰によって把握すべき純粋な乳と呼んでいます。それゆえ「幼児」という言葉は、信仰問題から人間的な理性をすべて除外し、「乳飲み子」という言葉は御言葉の粗悪化のすべてと人間的な考えの間違った追加を排斥します。

何故に、また、何のために、キリストはそのような支配権と国を創設なさったのですか。これによってキリストは何を実現しようとなさったのですか。詩編作者は言います、「あなたの敵のために支配権を創り、敵と復讐する者らを絶ち滅ぼされます」と。それゆえあなたが手に入れようとすることは、あなたが敵を、復讐する敵をもち、この人たちを滅ぼし、完全に絶滅し、「お休みなさい」と敵に言うことです。（というのも、ヘブライ語の Hischbith は、安息日を守ること、また全滅するまで滅ぼすことを意味するから。）そのためにあなたはこの支配権を創設し、それによって敵が滅びるように導いたのです。だが彼は敵と復讐者のもとで悪魔とその花嫁、世界と世の偉人と高貴な者を理解しています。そのさまはキリストを十字架につけて殺したユダヤ人たちのシナゴーグに似ています。同じく全力でもってキリストとその御国に抵抗した、ローマ帝国に似ています。また今日でもキリストとその御国を日々攻撃する、モハメット教徒とトルコ帝国に似ています。悪魔はキリストにとても敵対的なのでキリストを完全に抹殺したいと願っています。だが彼はキリストに対して何も獲得できません。というのも悪魔はキリストをかかとを砕き、十字架につけ、責めさいなんでも、女の末であるキリストは彼の頭を砕き、その国と暴力を破壊するから（創三・一五を参照）。そこで悪魔は敵意を懐き、迫害し、全キリスト教世界とすべてのキリスト教徒を個別的に苦しめます。また悪魔は、わたしたちが日々見て経験しているように、とても残酷に怒りを発して、キリストの教会を虚言と殺害でもって損害を与えることを決して止めません。そのような敵のゆえにキリストは幼児や乳飲み子の口から一つの支配権を準備しました。

しかし今ではキリストが敵と復讐する者を、幼児や乳飲み子の口から準備された支配権によって、絶滅することは素晴らしいことです。なぜなら敵や復讐者は強力にして巨大な霊ですから。それはこの世の神にして君公であって、確固とした安定した国をもち、その配下には他の多くの諸霊――その一つ一つは地上のすべての人間よりも強力です――をもっています。それに対して幼児たちと乳飲み子らは貧しく弱い人間です。それに加えて敵の暴力の虜となっています。というのもアダムの堕罪によってすべての人は死と悪魔の暴政の支配下にあるからです。そのような弱さに捕らわれていると、彼らは敵と復讐者に逆らって今何ができるでしょうか。幼児たちと乳飲み子らは少ししか抵抗できず、そんなにも力強く強力な諸霊とそんなにも大きく暴力的な地上の暴君にわずかな損害を与えることしかできません。この人たちは悪魔をしたがえて乗り込んできて、キリストとその教会に逆らって暴れ回ります。とりわけ、この人たちが刀を振り回さず、ただ口だけで戦わねばならないのですから。どうして主は敵に強力に抵抗し粉砕できる、天上的な諸霊と君主たち、ガブリエルとミカエル、その他の天使たちを派遣しないのでしょうか。

答え。わたしたちの支配者である主は、このためにガブリエルとかミカエルを用いようとされず、幼児たちと乳飲み子らの口から支配権を用意しようとなさった。というのも敵の悪意は大きく、怒りが激しかったので、この支配者はそのように邪悪で憤激した傲慢な霊を馬鹿にし嘲笑するのに快感と喜びをもっているからです。それゆえ彼は支配権を用意するためにご自身を低く降格させ、人となられたのです。そうです彼は詩編二二・六〔七〕に「わたしは虫けら、とても人間とは言えない、人々に嘲笑され、民に軽蔑される」と書かれているように、すべての人よりも低くご自身を降格させました。それゆえマタイ福音書八・二〇で「狐には穴があり、空の鳥には巣がある。だが人の子には頭を横たえるところがない」と彼はご自身について語っているように、貧困のうちに歩まれました。そのような身体的な弱さと貧しい姿で彼は敵を攻撃し、ご自身を十字架につけさせ、殺害させ、十字架と死を通して、使徒パウロがコロサイの信徒への手紙二・一五で「彼は君主の位と権力者の武装を解除し、ご自身によって彼らに勝利して、彼らを公的にさらし者になさいました」と言っているように、敵と復讐する者を滅ぼしています。

その後、死者の中から再び復活なさったとき、天に昇り、人々の口を通して支配権を確立しようと欲したとき、彼はその使徒と弟子、単純で普通の人たちを派遣します。彼は彼らのことを自ら羊と呼んでいます。マタイ福音書一〇・一六に「わたしはあなたがたを羊のように狼の真ん中に遣わす」とあります。また全福音書は主の弟子たちがいつも純粋な子どもたちのように〔活動したことが〕示されていると証言しています。主が「こっちに」と言うと、彼らはそれを「あちらへ」と理解しました。そんなわけで彼らは本当に羊でした。ところで、そんなにも賢く、高度に知的な精神に対してとても愚かで、知性の欠けていた人たちを派遣し、地上でもっとも弱い人たちを世界で最強の君主らと天において最強の霊たちと戦わすことは、（理性がすべてこのようにしか判断できないように）とりわけ思慮のない、かつ、愚かな開始であるように思われました。どうして主はそれに向けて天にある最強の天使、天使ガブリエルとその配下の者たちを使わなかったのですか。ガブリエルは最高司令官であって、剣を身に帯びています。それゆえに彼はガブリエルという名前、つまり神の支配や力と呼ばれます。しかし主はそうなさいませんでした。そうではなく貧しく単純な漁師を採用し、世に出て行って福音をすべての人に宣教するように命じました。主は言いました、「口を開けて語りなさい、また大胆に説教しなさい、すべての造られた者にその声を響かせなさい」（マコ一六・一五を参照）と。彼は慰めと喜びでもって彼らを武装します。彼は言います、「悪魔がその追従者らを使ってあなたがたを激しく圧迫し、殺すでしょう。しかし、あなたがたは身体を殺しても魂を殺し得ない人たちを恐れてはならない。だが身体と魂を殺すことができるお方を恐れなさい」（マタ一〇・二八を参照）と。このようにして彼はその支配権と国を開始したのですが、世界を前にしてこれよりももっと愚かには行動することはできませんでした。というのも、そのように小さくて弱い道具でもって悪魔と地獄のすべての門と戦うことは、馬鹿げたことだ、と理性はすべて言わざるを得ませんから。

ダビデがここで「あなたは幼子や乳飲み子の口によって、あなたの敵のために支配権を創られた」と言っているのはこのことです。彼は言います、「あなたは罪と死と悪魔に対抗する支配権と権能をもった国を創りました。それは世界の知恵・賢さ・策略・支配力・権力からではなく、単純な・質素な・無力な人々から創られたのです。この人たちは、コリントの信徒への第一の手紙四・一〇以下にあるように、すべての者の滓であって、死に引き渡されているとみなされる」と。しかし、そのような人たちの口がそのように大きな、素晴らしい支配権をもつように定められているのは、驚くべきことではないですか。ペトロはペンテコステの日にエルサレムで立ち上がり、アンナスやカイアファ、また最高法院のすべてを恐れないで、口を開き、悪魔の国を攻撃し、説教によって三千人もの魂を悪魔の国からキリストへ回心させました。他の使徒たちも、同じくそのような支配力を口と言葉でもって攻撃しましたので、そうすることでシナゴーグとユダヤの国は破滅することになります。その後彼らはローマに行き、地上の最高の支配権を攻撃し、異教徒や偶像を罰し、その口でもって誰も抵抗できないような支配力を設立します。彼らはさらに世界に向かって散らされていき、御言葉でもって悪魔の国を攻撃し、キリストの教会を建設します。こうして皇帝も王も、領主や権力者も抵抗できない支配力が根を下ろすのです。このような者どもは使徒たちとキリスト教徒たちに反対し、〔使徒とキリスト教徒の力を〕恐る恐る濫用しても役立ちません。幼児や乳飲み子の口からでた力は〔権力者たちの間を〕かき分けて進み、勝利を獲得します。皇帝たち・王たち・地上の権力者たちは頭を下げて、その力に対抗して自分を擁護できなかったと告白しなければなりません。

地上のもっとも力ある統治者が地獄の獰猛な悪魔たちと一緒になって、ここで出会って衝突するような軍勢は、不揃いです。また世の中で屠られる羊とみなされる貧しく弱い弟子たちがおります。それゆえ支配者がこういう仕方で〔貧しく弱い弟子たちを使って〕支配力を創設することは、不思議中の不思議です。もし彼がこのために強力な天の君主を採用するならば、彼らはそれを実現するでしょう。ミカエルは皇帝・王・地上の権力者らを打ち倒すことができるでしょう。しかし彼は天使の本性を使ってこの支配力を創設することを欲しません。そのために彼は人間の本性を使います。悪魔は人間の本性を貪り食い、それに対して主人となりました。悪魔は人間の本性を罪のゆえに囚われ人にしています。神はこの本性を悪魔に対抗させ、敵を捕らえ、見えなくし、打ち勝たせます。またこのことを口を通し、御言葉と福音の宣教を通して実行されるのです。「全世界へ行って、すべての造られたものに福音を宣べ伝えなさい」と彼はその弟子たちに言う（マコ一六・一五）。彼はこうして支配権と御国を建設します。

このように主なる神は天における天使たちの最大にして最高の力を用いないで、地上の全く単純でもっとも地味にしてもっとも無学な、もっとも弱い人たちを採用し、この人たちを悪魔と世界に属する最高の知恵と暴力に対抗すべく据えられます。それは神のわざです。というのも主は、ローマの信徒への手紙四・一七にあるように、死人を生かし、無であるものを呼び出して存在させる神なのですから。それは神の本性と属性なのです。彼はそのことを畑の穀物でもって実証します。（キリストがヨハネ福音書一二・二四で語っているように）穀物が大地に落ちて死ななかったなら、穀物のままです。だがもしそれが死んで、朽ち果て、殻と実が地に落ちて失うと、それは根をはり、葉をつけ、穂をつけ、豊かな実をつけます（マコ四・二八）。要約すれば、神がその神的な尊厳と力を空しさと弱さを通して示すことは神の本性なのです。神はご自身でパウロにコリントの信徒への第二の手紙一二・九で「力は弱さの中でこそ十分に発揮される」と言っています。

地の皇帝たち、王たち、君主たち、領主たちは力をもって出発し、キリストとその御国に逆らって彼らの金と財のすべてを使います。悪魔も異端者たち・徒党・分離派を通して理性・知恵・賢さでもってそれに逆らって荒れ狂います。こうして神は言います、「この石からでも（マタ三・九参照）わたしは強力で力のある皇帝・王・権力者、あるいは理性的な者・賢者・賢い民を創造できたであろう。またこの人たちによってわたしの支配と国を設立し、こうして力には力をもって、支配力には支配力をもって、理性には理性をもって、知恵と賢さには知恵と賢さをもって対抗したであろう。しかしわたしはそうするように欲しなかった。そうではなく、わたしは彼らが賢明さを大いに発揮することで愚かな馬鹿者となるように、それを愚かな仕方で開始した。それは彼らの富・力・理性・賢明さがわたしにとっては全くの無であることを彼らが見て認識するためである。それゆえ彼らが力・理性・知恵・賢明さでもって出発し、反抗し、自慢するのと同様に、わたしは直ちに向きを反対にして、富者・権力者・知者・賢い者を追放し、全く貧しく、弱く、単純な人たちをそれに対抗して立てた。この人たちは家も屋敷もなく、この世ではよそ者であり、巡礼者である（ヘブ一一・一三を参照）。この点に関してわたしは快感と満足をおぼえる。彼らは力と知恵を自慢するので、わたしは彼らに対抗して全くの弱さと愚かさを対抗させる」と。

わたしたちの支配者である主が一つの支配権、つまり一つの強力な、確固たる、不動にして永遠な国を定めたことを預言者は不思議に思う。また、それをあらゆる理性にとって愚かであると思われる仕方で定めたことを。その方法とは何ですか。何によって彼はこの支配権を定めたのですか。幼子や乳飲み子の口から出る言葉によってです。このことは死・悪魔・世界に逆らって立ち上げられたと思われる、そのような無限にして永遠な支配権とどのように辻褄が合っているのですか。とにかくそれが好むように辻褄を合わせましょう。わたしたちの支配者である主は、この支配権を確立するために刀・鉄砲・甲冑を使わないで、幼子や乳飲み子、つまり話すことができない子供のように質素で単純な人たちの口から出る言葉を使います。ローマ人たちはとても賢明な人々でしたので、世界には自分に似ている者は誰もいないと考えました。それとは反対に使徒たちは世にとって賢明でなく、愚かでした。しかし神は彼らに口と知恵を授けましたので、彼らの反対者は誰も彼らを批判したり、反抗したりできませんでした。

イエスが一二歳のときエルサレムの神殿で教師たちに囲まれて座り、彼らのいうことを聞き、彼らに質問しています。彼に聞いた者は皆イエスの賢さとその答えに驚嘆せざるを得ませんでした（ルカ二・四七を参照）。使徒たちも子供であって、世の中では愚かで無知な人たちであって、世の知恵を理解せず、悲惨にして貧しかった。だが彼らは神の知恵をもっており、これによってすべての世の知恵を遥かに優越していて、偉大な天上的な富をもっています。そのために彼らは世にあるすべてを軽蔑し、それによって彼らは全世界を豊かにしています。そういうわけで今や一方が他方と対決します。世はいっそう大きな権力・理性・知恵でもって自慢し、威張り散らします。するとイエスは「好きなだけ自慢するがよい。あなたがたの権力・豪華・理性・知恵はすべてわたしには屎《くそ》に過ぎない。わたしはあなたがたの権力・理性・知恵を破壊するであろう。わたしはあなたがたに対し幼子や乳飲み子を立ち向かわせよう。彼らはあなたがたの権力と知恵のすべてに反抗し、嘲笑するために、その口と言葉で支配権と国を創設することになる。同じ言葉でもってわたしはあなたがたの賢さと知恵を愚かなものとする」と。

わたしたちの時代には何が起こっていますか。教皇には学者、知者、賢い人々が不足していません。むしろ技能・機知・知力でもってわたしたちより遥かに優越しています。それでも彼はわたしたちに逆らって何事も遂行できません。わたしたちは口を開いて御言葉を悠然として語るだけです。わたしたちはそうした戦闘を教皇に仕掛けますが、刀をすばやく取り出したり、鉄砲を発射しないで、御言葉・主の祈り・子供の信仰・福音でもって一つの支配権を創設します。それはとても強力で力があるので、祭司・修道士・修道女・全教皇制の組織を打ち負かします。教皇はわたしたちの福音を愚かな人たちの説教とみなし、そうです異端者とみなしますが、彼はそれに戦慄し、それに屈服しなければなりません。なぜならわたしたちの支配者である主は、悪魔・教皇・世界よりも遥かに強力だからです。主は弱いように見えるとき、もっとも強いという技能をおもちです。主は弱さと無力でもって出発し、その言葉を宣教しましたが、それをこの世は子供っぽいわざ、愚かさ、馬鹿らしさとみなします。しかし、そのような弱さと無力によっても彼はとても強力でしたので、その他この世におけるすべての言葉・権力・知恵を滅ぼします。

これがわたしたちの支配者である主がその御国を外的な話し言葉でもって設立した方法なのです。その言葉を使徒たちも説教していたし、わたしたちも現在、神の恩恵によって説教し、聞き、受容し、信じています。多くの人たちがわたしたちと一緒にそれを聞いて受容しています。わたしたちは誰をもそうするように暴力でもって強いていません。彼らは自分自身でそうしています。キリストがマタイ福音書一一・一二で「天の国は力ずくで襲われており、激しく襲う者が力ずくで奪おうとしている」と語っているように、それを誰も阻止できません。教皇とその一味は怒り、無意味に暴れ回り、怒り狂って暴れ回ります。しかし彼らに怒りと激怒をもっては何事も実現しません。わたしたちの支配者である主は、支配権を確立し、悪魔・教皇・世界をつぶす、強力で力強い国を建てます。このことを彼は幼子や乳飲み子の口を通して実行します。つまり純粋な御言葉に寄りすがっているたわいない純真な者を通して行います。この国に留まり幸福になりたい人は誰でも、心を入れ替えて子供のようにならねばなりません（マタ一八・三を参照）。子供が学校へ行って主の祈りと信条を学ぶように、わたしたちも教会に行き、福音を聞いて学ばねばなりません。

幼子や乳飲み子の口が皇帝・王・地上の権力者に逆らって、また空中の邪悪な天使どもを携えた悪魔に逆らって、そのような支配権を確立することは、確かに全く稀なことで、よく言われるように、その差が歴然とした武装状態なのです。というのも、理性はすべて次のように推論しますから。「人が強力な敵をもち、それを倒したいなら、キリストが福音書で語っているように（ルカ一一・二一、二二節を参照）、敵よりも大きな力を用いなければならない。今ここには、強力で力強い敵、地上の有力者たち、また地獄のような敵がいて、人は言葉では彼らをやっつけることはできません」と。このように人間の理性は推論し、それ以外に判断することも推論することもできません。しかし、幼子と乳飲み子の口は、敵がどんなに強力で悪しくとも、そのようにするでしょう。敵どもがその支配力と権力を自慢するがゆえに、神は彼らを幼子と乳飲み子の口によって、バターが火で溶けるように、滅ぼそうとされるのです。あるいは彼らが滅びない場合には、彼らはその偉大な知恵を発揮して子供とならねばなりません。

それゆえにパウロはコリントの信徒への第一の手紙三・一八で「もしあなたがたの誰かが知恵があると考えるなら、知恵ある者となるがよい」と語っています。というのも、この王国にいたいと欲する者は誰でも、よく言われているように、子供とならねばならないからです。今や神の言葉を所持し、神の知恵を得たいと欲する者は、学校における生徒のように、教えを受けさせ、学ばせねばなりません。わたしたちの支配者である主が世に生まれたとき、自ら弱くなったのと同じように、彼はまた地上での御国を弱さでもってはじめるのです。しかし最後の日には彼はもっと強力な偉大なる神として現れるでしょう。ところが現在では彼はその国を幼子と乳飲み子の口によって創設するのです。だがやがて彼は「力強い天使たちと一緒に、燃えさかる火を携えて、天から啓示される」（Ⅱテサ一・七）でしょう。なぜなら、彼は現在のところ、世界が愚か者とみなす幼子と乳飲み子の口を通してその敵に語っていますが、やがて神を知らず、神の福音に服従しない人たちに対して復讐なさるときには、彼は彼らに〔現在とは〕異なる仕方でもって語りかけるでしょうから。

主は敵のことを考えているのみならず、復讐者のことも考えています。これによって彼はおもにシナゴーグとユダヤの民のことを理解しようとしていましたが、その後はローマ帝国がそうであったように、武器をもった悪魔のことを考えています。それは今日ではアンチキリストと教皇、同じくモハメットとトルコ人なのです。というのも歴史はすべて、わたしたちの支配者である主とその支配と御国に対して行使され、また日ごと行使されたよりも大きい敵意と激しい復讐心が地上のどんな人に対しても行使されなかったと証言しているからです。キリストの受難の歴史を読んでみなさい、そうすればあなたはダビデがここで語っている復讐者が誰であるか分かるでしょう。キリストが十字架につけられたとき、彼は呼ばわり「わたしは渇く」と言われました（ヨハ一九・二八を参照）。そのとき十字架につけた人たちは彼に一杯の水も与えなかった。大きな妬みと憎しみ、苛立ちと復讐心に燃えて、彼らは詩編六九・二一〔二二〕にあるように胆汁と酢を彼に与え、あるいは聖マルコが書いているように、「没薬を混ぜたぶどう酒」（マコ一五・二三）をひどい渇きに対し飲ませました。このようなことを彼らは主の両側で十字架につけられた他の犯罪者たちにはしなかった。犯罪者たちが引きだされ、処刑されるとき彼らに同情することは全世界の習わしであった。彼らの魂が悲しみ、彼らの舌が渇いたとき、賢者が箴言で命じているように[1]、人々は彼らに最善の清涼飲料水を与えた。要するに盗賊・殺害者・悪党がどんなに悪質であったとしても、彼に対してひとが同情するのを全く忘れてしまったことなど聞いたことがない。ところが十字架に架けられたキリストに対しては同情心がすべて忘れられてしまったのです。この世がキリストをそんなにも惨めにし、唆し、駆り立てるのは悪魔の仕業なのです。

今日においてもわたしたちに物事はこのように起こっています。教皇とその後援者たちはどんな殺害者や盗賊に対してもわたしたちに対するほどには敵意をもっていません。悪漢や殺害者のすべてに彼らは同情しているし、憐れんでおり、寛大に扱っています。彼らはどんなトルコ人、異端者、再洗礼派、熱狂主義者[2]に対しても、わたしたちに対するほどには敵意をもたず、嘲笑的でもありません。彼らはわたしたちに酢と胆汁を飲ますことができれば、喜んでそうするでしょう。わたしたちに関わることですと、彼らはこのように地上の真のキリスト教徒たちと信仰者たちに関わるし、関わることになっています。このような関わりは人間的な悪意、妬み、嫉妬ではなくて、悪魔から来ています。

悪魔は世界がわたしたちに逆らって激しい敵意をもつようにし、かつ、わたしたちを憎悪するようにさせています。そのようなことが理由もなく起こったりしません。というのもキリストはわたしたちの口を通して悪魔の支配権と知恵を滅ぼし、わたしたちに向けられ、わたしたちを引き裂こうとする敵の歯にかみ付きたもうからです。(3)

したがって悪魔には次のような二つの特別な属性があります。第一にはキリストと教会の敵であること、第二には彼は復讐心に満たされていることですが、それは悪魔がキリストとその福音に我慢できないこと以外には理由がありません。幼子と乳飲み子がその口を開いて、悠然と説教し、真理から逸れないときには、悪魔は敵となるばかりか、昼夜にわたって、キリストをそのように宣教し告白する幼子と乳飲み子をどのように処刑し、復讐するかを考えます。わたしたちの敵対者は長い間にわたってわたしたちにその怒りを爆発させるために方策を講じてきており、わたしたちを迫害し、抑圧することを止めません。要するに、わたしたちがすべて没落するのを目で見て確かめるまでは彼らには平和も安息もないでしょう。

しかしわたしたちの慰めはここに「幼子や乳飲み子の口が留まり、キリストの王国は存続するでしょう。それに反し悪魔と復讐する者は絶滅されねばならない」と書かれていることです。このことがシナゴーグとユダヤの国で起こったことなのです。キリストの王国は貧しい漁夫やキリストの弟子たちの口を通して確立され、今なお存立しています。だがユダヤ人たちは破滅していきました。同じことがローマ人たちにも起こりました。彼らは平和も安息ももたず、キリストとそのキリスト教徒たちを根絶しようと考えましたが、キリストはその国と教会と共に彼らに打ち勝ちましたが、彼らはその力・知恵・支配力を携えて没落しました。同じことが教皇にも起こるでしょう。もし彼がわたしたちに長く敵対し、むごく、復讐心に燃えていると、キリストとわたしたちの福音が彼らを最後にやっつけ、彼は没落するでしょう。教皇はどこまでも自己弁護に努め、多くの人たちを欺します。多くの敬虔なキリスト教徒たちはそのことに苦しめられ、殺されねばなりません。それでもわたしたちの支配者である主は天に座し、続けてその教会を支配し、幼子と乳飲み子とを派遣します。彼らは口を開いて、御言葉によって支配権を確立します。

こうしてダビデはわたしたちがこの地上でそのような国にいることを告白します。ここではわたしたちがわたしたちに逆らう悪しき有毒な敵――彼らは復讐心に満たされています――によって囲まれています。それでも彼はわたしたちが苦境に立つことはないと慰めるのです。幼子と乳飲み子の口はそのまま残るでしょう。なぜならわたしたちの支配者なり主はそれによって一つの支配権を創設するからです。だが敵と復讐者は絶滅されねばなりません。そのようなことを彼は予見しています。つまり幼子と乳飲み子は悪しき復讐心に満ちた敵どもと対決することでしょう。悪魔はこの敵どもに自惚れと強情さを備えさせ、彼らがキリストとその福音に譲って服従するのを欲しません。彼らの思いはいつも幼子と乳飲み子の口をどうしたら止めることができるのかに向けられます。しかし彼らはその半分も実現する以前に崩壊し没落するでしょう。

それはなるほど弱さのうちに進行するが、そのような弱さから力が出てくるはずです。パウロは自分の弱さについて嘆き訴えます。そうです、彼は肉にとげが刺さっているとつぶやいています。つまりそれはサタンの使いであって、彼が高慢にならないように拳《こぶし》でもって彼を打ったのです。それに対して彼は主がそれを取り除くように三度も嘆願しました。しかし主は彼に言いました、「わたしの恩恵はあなたにとって十分である。なぜなら力は弱さの中でこそ十分に発揮される」（Ⅱコリ一二・九）と。同様にわたしたちもすでに弱く、敵と復讐する者たちによって悩まされているが、キリストはそれに対決してわたしたちを慰めて言う、「わたしがあなたがたの偉大な主であることで十分であると しなさい。それで満足しなさい。弱さにあって開始するのがわたしの方法である。わたしはあなたがたの口を通してわたしの国を創設し、制定する。その間にあなたがたは嘲笑され、苦難を受ける。だがわたしはあなたがたを地獄に投げ捨てたりしないで、あなたと共にあり、あなたを強める」と。これがもっとも確実であるように、真実であるなら、悪魔は地獄の門をもって怒らせよう。誰がそうしようとしないでしょうか。わたしたちは確固たる信仰をもってただ主にのみ寄り頼みましょう。彼はわたしたちを強め、守ってくださいます。

（1）箴三一・六を参照。「酒は苦い思いを抱く人に与えよ」。
（2）「熱狂主義者」（シュベルマー）というのはミュンツァーのような宗教改革の過激な一派を指す。
（3）歯というのは上顎を指しており、「敵の歯」というのは無駄な激昂を意味する。

第三節

というのもあなたの指のわざなる天、
あなたの創りたもうた月と星を見るからです。

わたしたちが先に聞いたように次の詩節は御言葉と信仰の国について「わたしたちの支配者である主が幼子と乳飲み子の口を通して一つの支配権を創設し、敵と復讐を企てる者らを根絶する」と語っています。第三節は壮麗と啓示の国について語っていますので、わたしたちはその生活を待望すべきです。信仰の国と将来の栄光の国とは一つの国です。ですがその国は次の点で区別されます。ここの信仰の国で御言葉によってわたしたちに提供されるものと、わたしたちが信仰によって受領し、捉えるものが、かしこであの啓示によってわたしたちに提示されるものとは区別されます。こうして聖ペトロはペトロの第一の手紙一・一二で「天使たちも見るのを喜んでいる福音がわたしたちに告げ示されるように」と語っています。それゆえそれは認識内容において区別がない一つの国なのです。わたしたちはそれを今は御言葉の中で聞いていますが、かしこでわたしたちは目で見ることでもつでしょう。現在のところ、わたしたちは地にあるすべてのキリスト教徒と一緒にそれを信仰し、希望していますが、かしこでは、わたしたちはすべての聖なる天使たちと神の選ばれて天にある人たちと一緒にそれを所有するでしょう。

しかしダビデはわたしたちの支配者である主の手による作品である、天と月および星辰について語っています。この手というのは聖なる神なのです。というのもキリストご自身はルカ福音書一一・二〇で「わたしが神の指で等々」とそれを解釈していますが、それはマタイ福音書〔一二・二八〕にあるように、「神の霊で悪魔を追い出す」ことなのです。しかしダビデがここで「あなたの手」を複数形で語っているのは、彼が聖霊をその尊厳におけるままにではなくて、神がご自身をキリスト教世界に、彼がその信徒たちを美しく飾っている賜物をもって、お示しになったからです。聖霊はそのペルソナにおいては唯一で区別できませんが、コリントの信徒への第一の手紙第一二章〔四節〕にあるように、これら〔霊の〕の賜物は一つだけでなく、多く、かつ、多様にあります。ここから明らかになることは、この詩句でダビデが天・月・星辰を、モーセが創世記第一章で書いている、始原において創造されたように語っているのではない、ということです。そうではなくて彼は新しい天・新しい月・新しい星辰について、それらが死者の復活――そのときには御言葉と信仰の国は終わり、啓示と見神が始まります――に際して、わたしたちの支配者である主の霊によって新しくなるようにどのように準備されているかを語っています。そのときには、わたしたちが今この世において見るようにではなく、わたしたち自身がもはや地上的でも死すべき者としてでもなく、天上的で不滅となるようなあの世において、わたしたちは天・月・星辰を正しく見るでしょう。

イザヤはイザヤ書三〇・二六で「主がその民の傷を包み、その打ち傷を癒されるときには、月の光は太陽の光となり、太陽の光は今よりも七倍になり、七つの日の光となる」と語っています。預言者はアッシリアの捕囚からの解放についてこのように語ります。しかし、それにもかかわらず、多くの教師たちがそれを理解したように、彼もキリストによって起こっており、また完成されるであろう救済を比喩的に示しています。というのもキリストは傷を包み、民の傷を二度にわたって癒すからです。一度はキリストがその死と流した血潮によって獲得し、その福音・神聖なサクラメント・信仰・霊によってわたしたちにもたらされた罪の赦しを通してなされました。二度目にはキリストがわたしたちを死者から甦らせることによってなされました。そのとき彼はわたしたちをあらゆる罪から完全に清めて死者から甦らせます。そのとき傷は悉く包まれ、傷は完全に癒されるでしょう。またわたしたちは完全に健全となり、癒されて、身体と魂が汚れのない者となります。それから天も地も新しくなるでしょう。月の光は太陽の光のようになるでしょう。また太陽の光は七倍も輝くでしょう。今よりも計り知れぬほど明るくなるでしょう。

今のところ太陽は輝かしく明るい光です。ですからどんなに鋭く、明瞭な目をもっている人でも、動揺〔まばたき〕しないでは太陽を見ることができません。太陽が今より七倍も輝くようになると、そのような生活では何が起こるでしょうか。そのときわたしたちには、そのような太陽に苦しみ耐えることができる、明るい澄んだ目が必要となります。もしアダムが創造されたときの無垢の状態に留まっていたならば、彼は鋭い澄んだ眼をもっていて、鷹のように太陽に目を向けることができたことでしょう(1)。しかしながら、わたしたち人間は、罪と堕落によって身体・魂・眼・耳・至るところで大変弱められ、害され、壊敗されているので、アダムの目が堕罪以前にもっていた鋭さの一パーセントもないのです。わたしたちの身体は不潔であり、もつれ、重い皮膚病にかかっており、またすべての被造物は虚無に服しています（ロマ八・二〇を参照）。太陽・月・星辰・雲・空気・大地・水は、かつてあったようには、もはやそれほど純粋でも美しくも好ましくもないのです。しかしあの日にはすべては再び新しく、かつ、美しくなります。パウロがローマの信徒への手紙八・二一で言っているように、「被造物もいつか滅びへの隷属から解放されて、神の子たちの栄光に輝く自由にあずかれる」のです。

このようにダビデは今や霊において喜び、喜ばしい心で神の子の将来の栄光と被造物の更新を期待します。そのとき天・地・星辰はわたしたちの支配者である主の指によって、つまり聖霊によって準備され、新しくされます。彼は次のように言わんとするかのようです。「わたしはこうなることを希望し、いつの日かこの嘆きの谷からでて他の世界に、この暗い存在から明晰さに、暗闇から光に移ることを確信する。そのときわたしたちの支配者である主はその指のわざでもって、つまり聖霊によって啓示され、ご自身を啓示し、明らかにされるであろう。そうするとわたしは新しい天、新しい月、新しい星辰を見るであろうし、わたし自身も新しい身体を与えられ、新しい鋭い目で光彩を添えられるであろう」。

こういうことでダビデは、選ばれて救済された人の生活が来るべき世界では天にあるし、それに加えて天上的な存在と生活が始まると教える。そこではこの世で人が行っているように、人は労働することなく、労苦・心配・飲食・悲しみ・苦悩をもたず、永遠の安息と祝日をもち、神にあって永遠に満ち足り、永遠に喜ばしく、確実であって、あらゆる苦難から解放され、神とその御わざを永遠に観照するでしょう。そのときには現世において覆いが神にかけられているように、神は覆いの背後に隠されておらず、啓示されるとき「顔の覆いが除かれて」（Ⅱコリ三・一八）いるでしょう。それは地上的で束の間の生活ではなく、天上的で、永遠的な生活でしょう。このことはただ天上でのみ起こるのではなく、地上であれ、上でも下でも、わたしたちが欲するところで起こるでしょう。というのも、わたしたちはこの重い身体――これを人は引き立て、いつも地に転落するのに耐えていかねばなりません――を引きずっているのではなく、わたしたちの身体は機敏で軽くなるでしょうから。要するにわたしたちは、キリストがマタイ福音書二二・三〇で語っているように、天にある神の天使たちのようになるでしょう。

ダビデは神の子たちのこのような将来的な壮麗さと被造物の更新を信じており、そのことをその心の根底から喜び、神の御手によって天と月と星辰が備えられ、かつ、更新されるのを見ることを確かな希望をもって告白していました。神はこの壮麗さを引き延ばしました。それゆえすべての聖徒たちはヘブライ人への手紙一一・三九、四〇節に「すべての聖徒たちは信仰のゆえに神に認められながらも、約束を入手しませんでした。神はわたしたちのためにさらに善いものを予め用意し、わたしたちなしにはそれが実現されないようになさったのです」とあるように、それを待たねばなりません。神はその聖徒たちを直ちに壮麗な状態に導かないで、祖国を求めるようにさせました。わたしたちは皆、最初に来た者も最後に来た者も、地に眠っているものも、主の到来まで生き延びる人も、それに先立って一緒に集合しなければなりません。わたしたちが皆集合するとき、壮麗な状態がわたしたちに啓示されるのです。ですからパウロもテサロニケの信徒への第一の手紙四・一六、一七節で「キリストに結ばれて死んだ人たちがまず復活し、それからわたしたち、生きているものも、生き延びたものも、空中で主と出会うために雲に包まれて同時に一緒に引き上げられます。このようにして主のもとにいつまでもあるようになります」と言います。

そのような将来的な存在をダビデは見て、この世がすでに終わりもう死者から甦り、天・地・星辰が彼の前に新しくなったかのように感じています。なるほど彼はそれをもう見たとしても、見たのは信仰と霊によってなのです。彼はその当時わたしたちと一緒にそれを見、わたしたちはそれを彼と一緒に啓示された姿で見るでしょう。預言者たちと使徒はそれをわたしたちに告げ知らせています。イザヤはイザヤ書六五・一七、一八節で言います、「見よ、わたしは新しい天と新しい地を創造する。初めからこのことを誰も考えないし、心に思いもしない。そうではなく彼らは永遠にそれを喜び、わたしが創造するものを楽しむであろう」と。またペトロはペトロの第二の手紙三・一三で「わたしたちは義の宿る新しい天と新しい地を神の約束にしたがって待ち望む」と言う。そのような預言者たちと使徒の宣教は聖霊を通して起こり、はずれることはありません。

新しい天地は美しく喜ばしい地よりも広いし、楽園であったときよりも美しく、かつ、楽しくなるでしょう。楽園には燃えるイラクサやとげのある茨やアザミ、また有害な被造物、蛆、害獣がなく、美しく高貴な薔薇と香りのよい薬草があるでしょう。庭のすべての樹木は楽しげに見え、食べるに好ましかった。アダムの堕罪後は地は呪われ、茨やアザミを生み、人は生涯食べ物を得ようと苦労しなければならない（創三・一七、一八を参照）。それゆえ、わたしたち人間もお互いに行っているように、人間に逆らって戦い、苦しめ、悩ませる、とても多くの有害な被造物がやって来たのです。今やこれらすべてはわたしたちの支配者である主の指によって再び正しくされ、新しくされるのです。そのときには地上に罪がなくなり、不義も殺人犯も殺戮もなく、憎悪や嫉妬も最早なく、完全な義と愛と友情が地に宿るでしょう。今のところ不義と不信が地に宿っていますが、ここからわたしたちは、アダムの堕罪とわたしたちの罪によって失ったものを認識し、被造物の回復と新生また神の子たちの自由を憧れ、かつ、求めるべきです。

しかしダビデはこの詩節で天・月・星辰のことだけを考えており、太陽のことを何も言わないのはどうしてでしょうか。イザヤはイザヤ書の第六五章〔一七節〕で太陽のことも考え、天・月・星辰のあるところには、太陽もなければならないし、そして天・月・星辰を見るために人間がいなければならないところには、太陽もなければならない、と言う。太陽がないと人間は貧しく、悲惨な人たちであり、太陽なしには、この世においても、来るべき世においても、誰も生きることができません。そうするとダビデはどうして太陽をここではずしたのか。答え。彼がそうしたのは象徴的な意味のためです。その後で直ぐに言われるように、聖書では太陽はキリストを象徴しています。だがダビデはこの詩節で天・月・星辰をわたしたちの支配者である主の指のわざとして語り、キリストをそのようなわざの一部とみなすことができなかったし、またみなすべきではなかったからなのです。そこでダビデは象徴的な意味のために太陽をこの系列に入れて考えたくなかったのです。その後彼は太陽を次のように美しく、かつ、崇高に考えています。

(1) これは鷹についての民間信仰で、当時著述されていたルターの『創世記講義』には詳しく語られている。

第四節

あなたが心にかけたもう人間とは何か。
またあなたのものとみなす人の子とは何か。

彼は奇妙な太陽をここで描き、太陽を人また「人の子」と呼んでいます。聖書はキリストをしばしば太陽になぞらえます。とりわけ預言者マラキはマラキ書四・二〔三・二〇〕で「わが名を畏れ敬うあなたがたには、その翼には癒す力がある、義の太陽が昇る」と言う。モーセが創世記一・一六で「神は大きな光を造り、昼を治めさせた」と教えているように、自然の太陽は昼を造り、人間を眠りから醒ます、輝きと光を送り出します。また詩編一〇四・二二、二三には「太陽が昇ると、人は仕事に出かけ、夕べになるまで働く」とあります。そこで霊的な太陽であるキリストはその福音の輝きと光を世に送り出し、人々の心を照らします。キリスト自身ヨハネ福音書八・一二で「わたしは世の光である。わたしにしたがう者は暗闇の中を歩まず、命の光をもつ」と言います。しかしマラキはキリストをその御翼の下に癒す義の太陽と呼んでいます。というのも、キリストはどんな心であってもその輝きで明るく照らすので、人は太陽のゆえに神の前に義であって、この太陽の御翼の陰に留まるかぎり、救われるのです。詩編一一八・二四でダビデは「これは主がお造りになった日です」と言います。イエス・キリストは主です。今、自然の太陽が日を造っているのと同じように、霊的な太陽であるイエス・キリストは、わたしたちが喜び楽しむこの日をお造りになっているのです。

ダビデはここでキリストを太陽と呼ばないで、そのゆえにキリストが人の子であり、太陽と呼ばれる、その任務について語っています。キリストはそのような太陽であり、人間であって、人の子であると言います。したがって彼はキリストに二つの新しい名前を与えます。ヘブライ語のテキストではそれらの名称は異なっていますが、ラテン語やドイツ語ではその違いを区別できません。最初の名称エノシュは、「異邦の民を恐れさせ、彼らが人間に過ぎないことを知らせてください」と詩編九・二〇〔二一〕にあるように、困った、哀れな、悲惨な人間を意味します。つまり貧しく、悲惨で、哀れな人間を意味します。詩編一〇三・一五「人の生涯は草のよう。野の花のように咲く」とある通りです。もう一つの名称は全人類に共通する名前で、地味な普通の名前です。詩編四九・一、二〔二、三〕には「諸国の民よ、これを聞け。この世に住むものは皆、普通の人も身分の高い人も、耳を傾けよ」とあります。このようにダビデはキリストを彼が地上でもっていたその悲惨と不幸のゆえにエノシュ「人」と呼びます。彼はキリストを人間から誕生した、その本性のゆえに「アダムの子」や「人の子」と呼んでいます。その本性というのは、アダムが土塊から神によって創造されたように、エバがアダムのあばら骨から造られたように、神から直接造られたよりも、むしろ普通の人から生まれたものなのです。ところが、キリストは普通ではあっても、超自然的な仕方で生まれたのです。つまり、キリスト教の信仰が教えているように、処女から聖霊によって生まれたのです。キリストはこの名前をこの詩編から取り、福音書では「人の子」を自称されました。それゆえ彼は人間の母から生まれ、正当な自然的な人間の属性をすべて備えておられたが、それでも罪がありませんでした。そういうわけでパウロはフィリピの信徒への手紙二・七、八節で「僕の姿になり、人間と同じ者となり、人間の姿で現れました」と語っています。またヘブライ人への手紙二・一四、一六、一七節には「子どもたちには肉と血が備わっているので、彼もまた同様に同じ本性を採られ、彼は天使たちを助けず、アブラハムの子孫を助けられます。すべての点で兄弟たちと同じようにならねばならなかった」とあります。

しかし彼はキリストを地上のすべての人間から区別して描き、「あなたが心にかけたもう人間とは何か。またあなたのものとみなす〔望む〕人の子とは何か」と言います。彼がこのように言うのはキリストの卑下の崇高にして深遠な程度についてなのです。というのも彼はキリストが嘲られ、唾をかけられ、むち打たれ、茨の冠を着せられ、十字架につけられた、その最大の苦痛と最高の受難においてキリストを捉えているからです。それは聖パウロがフィリピの信徒への手紙の中で、そのような卑下について「彼はへりくだって、死に至るまで、それも十字架の死に至るまで従順でした」（二・八）と語っているのと同じです。そのような卑下を見て誰もキリストを人間と考えないで、彼の傍らを通った人は身震いして「これはひどい、十字架につけるほどだ、神は何とこの人を呪ったことか」（哀一・一二）と言った。イザヤもこのことについて言う、「多くの人はあなたのことで腹を立てたように、彼の姿は損なわれ、人とは見えず、もはや人の子の面影はない」（イザ五二・一四）と。同じく「見るべき形も顔立ちの良さもなく、彼は軽蔑され、人々に見捨てられ、全く無価値で、痛みと病に満ちていた。彼は軽蔑されていたので、人々は彼の前で顔を隠した。それゆえ、わたしたちは彼を無視した」（同五三・二、三）と。さらに詩編二二・七には「わたしは虫けら、人ではない。人々にさげすまれ、民によって軽蔑されている」とあります。

だがこのキリストの卑下はユダヤの民にとっては特別に腹立たしかった。というのは、彼らの信じることによると、地上に物事がうまく行くと、もし金もちで、栄誉に浴し、よき日々に恵まれると、その人は幸福であるから。そのような信仰について詩編二二・七は「わたしは虫けら、とても人とは言えない。人間の物笑い、民の軽蔑」と言う。そのような信仰について詩編一四四・一一—一五は言う、「異邦の子らの手からわたしを解き放ち、わたしを救い出してください。彼らの教えは役立たず、彼らのわざは誤っています。わたしたちの息子らは幼いときからよく育った苗木のようです。わたしたちの娘らは宮殿の飾りにも似たように出窓のようです。わたしたちの倉は、そこから蓄えが他の人たちに引きわたされることができるもので満たされている。わたしたちの羊の群れは村々で幾千幾万もの子を産みますように。わたしたちの家畜は子を孕んで重く、不利益と損失また嘆きはわたしたちの巷には見あたらない。そのような祝福が授けられた民は幸いである」と。これがユダヤ人たちの信仰なのです。彼らが今十字架につけられた哀れなキリストを見ると、彼らはキリストを軽蔑し、呪われていると考えるのです。

ダビデは今やこのことに不審の念を抱き、次のように言います、「神がそのような見るも哀れで悲惨な人間のことを考えて、そのように痛ましくも十字架につけられて死んだ人の子を受け入れることなどありうるであろうか。あるいはそれを人が信じるだろうか。すべての人が唾をかけ、侮辱し、誹謗する人が、最愛の子であり、神の選ばれた者であるとすべきか。神は何と常軌を逸した行動をなすことか。その名が全地において輝かしく、彼に対して人が天において感謝するような、その人が十字架に架けられ、人々の嘲笑と悪口の的となったのである。このような人が、神の子にしてわたしたちの支配者である主であると考えられようか」と。ダビデは非常に驚いてこのように語っています。彼は次のように言わんとするかのようです。「全世界は神がこの人を忘れてしまい、この人の子を受け入れたまわない。しかし建築家が見捨てた石が隅の親石となった。このことは主によって起こったことであって、わたしたちの目には不思議なことである」（詩一一八・二二―二三を参照）。

第五節

あなたは彼をしばらくの間神から見放させたが、
栄光と威光を冠としていただかせられる。

この詩節でダビデはどんなに痛ましくキリストが見捨てられたかを述べています。人間は言葉でもってこの点を、ここに語られているように明瞭に、簡潔に、かつ単純に述べることができません。彼はキリストの身体的な受難を語りません。それは大きくかつ困難でしたが、彼が受けたより高い霊的な受難について語って、その魂で受けた受難がすべての身体的受難に遥かに優るものであると言います。この高度な受難の最高段階をダビデは描いて、「あなたは彼をしばらくの間神から見放させた」と言います。地上の人間が誰も理解せず、人が言葉でもって到達できず、顕わにすることもできない、このことは一体何でしょうか。というのも神に見捨てられることは、死よりも遥かにひどいことですから。このことをちょっとでも試み、経験したことがある人は、何かを追想できるかもしれません。だが危なげのない、安定した、未熟な、試みたことがない、無経験な人々はそれについて何も知らないし、理解していません。もし神がわたしたちにお金が一杯入った財布、穀物が実った畑、ワインが溢れた地下室を与えるなら、また神がわたしたちに十字架を負わせず、試練に遭わせず、喜びに浸っていると、万事はバラ色で、神の膝に座っていると思ってしまう。だが神がご自身の姿を隠し、身を隠し、悪魔がわたしたちを飼い慣らすと、そこには悲鳴と苦境が生まれます、そうです、それは死そのものです。

神に見捨てられるとはどういうことかを、人はヨブの範例からある程度理解できます。ヨブは不如意だが真っ当な生活を送っており、神を畏れ、悪事を避け、主なる神ご自身が証言されているように（ヨブ一・八、二・三を参照）、その地に彼のような人はいなかった。しかしサタンは神の子たちの間に混じってやって来て、主なる神の前に歩み出て主に言った、「ヨブが利益もないのに神を敬うでしょうか。あなたは彼とその家、全財産を至るところで守っていませんか。あなたは彼の手のわざすべてを祝福なさいます。そのため彼の財は地に溢れています。だが、あなたの手を伸ばして彼のもっているすべてに触れてご覧なさい。彼は面と向かってあなたを呪うでしょう」。主はサタンに言った。「見なさい、彼がもっているすべてをあなたの手に任せよう。ただし彼自身にはお前の手を置いてはならない」（ヨブ一・九―一二）と。すると悪魔は、神のお許しがなければヨブのところに行くことも彼の財産に触れることもできないと、自ら告白します。というのも、詩編三四・八に「主の使いはその周りに陣を敷き、主を畏れる人を守り助ける」と書かれているように、神はヨブの周りに聖なる天使たちを置いて、彼と彼の財産を守らせているからです。

サタンは再び神の子たちと一緒に主の前に現れ、言います、「皮には皮をと申します。命のためには全財産を差し出すものです。手を伸ばして彼の骨と肉に触れてご覧なさい。彼は面と向かってあなたを呪うでしょう」（ヨブ二・四―六）と。主はサタンに答えました、「見なさい、彼をお前の手に委す。だが彼の命は損傷するな」と。ヨブが見捨てられることが次第に徐々に起こってきます。最初は神が近くにおりました。ですからサタンはヨブに近づけません。その後神は遠ざかります。そうすると悪魔はヨブの財産と身体に触れる余地を見いだします。またサタンはヨブを惜しむことなく扱い、彼の財産を奪い、その子らを殺します。彼はまたヨブの身体を攻撃します。頭のてっぺんから足の裏までひどい膿疱病で襲わせます。それでもヨブは完全に見捨てられたのではありません。彼の魂と生命は神とその天使たちの保護のもとに守られて確実です。また彼はその心に慰めをもっております。

しかし彼の妻が彼を嘲り、「あなたはそれでも敬虔の念を固く保っているのですか。神を呪って、死になさい」と言ったとき、ヨブはしっかりとしており、それに答えて妻に言った、「お前は愚かな女たちが語るように語っている。わたしたちは神から善いものをいただくのだから、悪いものもまた受け取らねばならない」(同二・九―一〇)と。しかしそれも長くは続かなかった。彼の友人たちが嘆いたり、苦情を述べたりするために、やってくると、彼の身体の痛みがとてもひどくなるのですが、神はお姿を隠しています。そのとき彼は全く見捨てられ、神からも、天使たちからも、人からも助けと慰めとがなくなり、絶望と懐疑に転落し、神の怒りと地獄を感得し、生まれた日を呪い、「男の子が生まれた」と人が言った夜を呪った(同三・一―三)。これはつまり神から見捨てられたことなのです。

聖パウロの事例もまさしく同じ打撃ですが、ヨブの事例がより詳細に妥当している点を除けば、そのように思われます。サタンの天使はパウロを拳で打ちました(Ⅱコリ一二・七―八)。彼は悪魔から大きな悩みの種とショックを受けました。彼はそれがなくなるように三度も主に懇願しました。だが主は彼に言いました「わたしの恵みはあなたに十分である」（同九）と。これは深くして重い試練です。そうはいってもパウロは生まれた日を呪ったヨブほど見捨てられていたのではありません。これがわたしが先に、何かそれについて試みられ経験したヨブやパウロのような偉大で強力な聖徒でないなら、神から見捨てられることはどういう意味か誰も理解できないと言った理由なのです。

この点についてはこれで十分としよう。わたしたちは再びキリストに帰りましょう。ダビデはここでその精神において疑いの余地なくキリストのことを考えています。というのもキリストは〔ゲッセマネの〕園にて死と戦い、十字架につけられて「わが神、わが神、なぜわたしをお見捨てになるのですか」（マタ二七・四六）と叫んでいるからです。なぜなら、このことこそ人間が考えもしなかったし、理解できなかった、本当に崇高な霊的な受難ですから。先の園にて彼は「わたしは死ぬばかりに悲しい」（同二六・三八）と言っています。彼は次のように言いたかったのです、「わたしは悲しみと不安によって死にたいほど深い悲しみと不安に陥っている」と。彼は弟子たちから石を投げてとどくほどのところに離れ、跪いて祈っています（ルカ二二・四一）。祈りの中で彼は死と格闘し、さらに熱心に祈ります。彼の汗は地に落ちる血のように流れます。ダビデはここでこのように高度の霊的な受難について語っています。というのはキリストも死と戦い、神から見捨てられたことしか心に感じられなかったからなのです。しかもキリストは本当に神から見捨てられたのです。それは神性が人間性から切り離されたのではありません。（というのも神性と人性とは、神とマリアの子であるキリストなるこのペルソナにおいては、永遠に分離できず分けられないから。）そうではなく見捨てられたと思われるほど神性が背後に退き、隠されており、それを見る人は誰でも「これは神ではなくて単なる人であって、それに加え悄然とし、気後れした人間にすぎない」と言います。人間性だけが放置されており、悪魔がキリストに自由に接近し、神性はその力を引っ込め、人性だけが戦わされているのです。

聖パウロもまたそれについてフィリピの信徒への手紙二・六―七で次のように言っています。「イエス・キリストは神の形であったが、神と等しいことを簒奪《さんだつ》とは思わず、自分を空しくして僕の形を採られました」と。彼が言うにはキリストは神の形を空にして、つまり彼は神の力を用いないし、その全能の力を見させなかった。そうではなく彼は苦難にあったとき、その力を引っ込めたのです。そのような空無化と卑下に際して悪魔はその地獄の力を悉く試みました。人間と人の子はそこに立って世の罪を担いました（ヨハ一・二九を参照）。神の慰めと力とをもっている様子を与えなかったので、悪魔はその牙を無邪気な小羊にかけて貪り食おうとした。このように義人にして罪のない人は身震いし、貧しく断罪された罪人として恐れたためらい、繊細で無垢な心でもって罪に対する神の怒りと審判を感得し、わたしたちに対する永遠の死と断罪を味わいます。要するに彼は断罪された罪人が受けるに値し、永遠に受けねばならないすべてを苦しむのです。

ダビデはそのことについてここで語っているが、彼は次のように言いたかったかのようです。「そういうわけで罪と死とは克服され、敵は滅ぼされ、天国は勝利した。わたしたちの支配者である主は、真の人間であり、人の子であって、身体と魂をともなったか弱い人間性でもって仕事を成し遂げ、血の汗を流しただけでなく、神から見捨てられたとしか感じられなかったほどの、窮地と不安に曝された。彼はひどい試練を受けたのであった。すなわち、彼は神から見捨てられ、悪魔の火矢（エフェ六・一六参照）、地獄の火と不安を、またわたしたちの罪のゆえに受けるに値するすべてを、その魂でもって鎮圧し、解消しなければならなかった」と。このことによって天国、永世、至福がわたしたちのために獲得されたのです。それはイザヤもイザヤ書五三・一一で「彼はその魂が労苦した実りを見て、喜び、満足する」と語っている通りです。彼の身体と魂はひどく重い苦難を受けて労苦したが、彼はそれらがわたしたちに大いに役立つために、また、彼自身の大きな喜びのために、そのように行った、と言う。というのも彼はその敵に打ち勝って、勝利し、そのことの洞察によって多くの人たちを義となしているからです。

だが最善なことは預言者がそれに「あなたは彼をしばらくの間神から見放させた」と付言したことです。このように見放す放棄は長くあってはならず、何時までも続くのではなく、ほんのしばらくの間であり、つまり二、三時間であって、いつもではなく、何時までもではない。キリストの受難記念日の夕方に受難が始まります。（というのもユダヤ人の仕方では、モーセが「夕べがあり、朝があった。第一の日である」（創一・五）と言うように、一日は夕方から始まることになっていますから。）次の日の午後に彼は十字架上で死に、すべては終わります。

前の晩には主の晩餐の後にキリストは庭に入っていき、そこで〔神に見捨てられる〕放棄が始まります。朝になると彼は十字架につけられ、「わが神、わが神、なぜわたしをお見捨てになるのですか」（マタ二七・四六）と大声で叫びます。その後直ぐに彼は息を引き取られ、十字架から降ろされ、墓に収められます。そこに彼は休み、安息日を守ります。安息日が過ぎると、週の最初の日のとても早いころ、彼は死者から甦ります。そのときイザヤがイザヤ書五三・八で「彼は心配と裁きから取り去られた。誰が彼の生命の長さを断言できようか」と言っているように、すべての痛恨事、困難、不安が過ぎ去っています。

こうして預言者はキリストの受難について高く評価し、かつ、力強く説教します。それは短く、かつ、纏まった説教です。だが短い言葉でもって彼はキリストにおける二重の受難を提示します。彼はキリストをグノーシュ、つまり悲惨な苦悩する人間と呼ぶとき、その身体的な受難を示します。彼がキリストについて語り、しばらくの間神に見捨てられたと語るとき、キリストの崇高な霊的受難を語っています。それはつまり、キリストが大きく深い不安に陥り、一度だけ天使が天から〔ゲッセマネの〕庭に現れ、勇気づけたことを除くと、神や天使や人間からの助けも慰めなく、キリストのもっと高い霊的な受難を提示します（ルカ二二・三九―四六を参照）。十字架上でキリストは全く見捨てられ、人々はのどの渇きを訴えたキリストに酢を飲むように与えます。被造物はすべて彼に逆らっているかのようにふるまいます。彼は空中に吊され、上方にただよい、地にはその足をおくところもありません。彼に同情し彼を慰める人は一人もいません。これが彼の受難です。今やこれに続くのは喜ばしい復活だけです。

だが、あなたは彼に栄光と威光を冠としていただかせられる。

誰も受け入れず、神と世のすべてから見捨てられた人をあなたは受難から平和へと脱出させます。不安から慰めと喜びに脱出させます。彼が耐え忍んだ侮蔑、嘲笑、恥のゆえにあなたは彼を名誉をもって飾るでしょう。彼が地上で身に着けていた醜い姿に対してあなたは彼に上等な着物を着せるでしょう。こうして彼は着物を着せられ、飾られ、冠を授けられるでしょう。そのペルソナのゆえに心身において美しくなるばかりか、永遠の生命に満たされ、歓喜・至福・知恵・力・権力に満たされ、天上的な尊厳と神性に満たされるので、彼にすべての被造物はほほ笑みかけ、敬慕するでしょう。彼はまた地上にあるすべてのキリスト教徒と信者たちと共に、またこの世と来るべき世にある、天上の選ばれた天使たちと共に、燦然と栄誉に満ち、見事に飾られるであろう。

キリストに冠が与えられる二重の飾りのことを詩編作者は名づけています。第一の飾りはそれでもってキリストがその復活によって飾られるもので、栄誉です。カバド（cabad）は本来的には資材として重いものの名称です。その次にカバドは栄誉と栄光を意味しますが、その理由は富と充実が尊敬と栄誉をもたらし、それに対して貧困と欠乏が不名誉と軽蔑をもたらすからです。預言者はこの飾りを、彼が前にキリストの卑下と受難について語っていたすべてに反対して、設定しています。彼は次のように言おうとしているようです。「貧しく悲惨で苦悩する人間、エノシュ（Enosch）、人の子はどんな被造物にも付与されない天上的な富、神的栄誉、そのような荘厳さ、支配と力でもって飾られるでしょう。神とすべての被造物によって見捨てられたお方を、神は死から生命へと甦らせるであろう。その肉体をとっていたときに軽蔑され、嘲られ、唾されたお方は、神の天使たちがみな崇めるであろうような栄光と栄誉にまで高められるであろう」と。

この飾りについてヘブライ人への手紙は二・九で「だが天使たちより、わずかな間、低い者とされたイエスが死の苦しみのゆえに栄光と栄誉の冠を授けられたのをわたしたちは見ている。神の恩恵によって彼はすべての人のために死を味わいました」と語っています。またキリストご自身もヨハネ福音書一七・五で「父よ、今御前でわたしに栄光を与えて下さい。世界が造られる前にわたしが御許でもっていたあの栄光を」と言います。聖パウロはテモテへの第一の手紙三・一六で「神の神秘は実に偉大であるとわたしたちは告白します。神は肉において現れ、天使たちに見られ、異邦人の間で宣べ伝えられ、世界中で信じられ、栄光に向けて取り上げられた」と捉えています。

もう一つの飾りは美装、ハダル（Hadar）であって、高価で素晴らしい服装に由来する装飾です。詩編作者はここで王の装いについて語り、それによって王冠を授けられたキリストを現世と来るべき世において崇高にしています。王たちはきらびやかに人目を惹くときには、通常美しく装うものです。したがってダビデは王なるキリストが美しく飾られると語っています。それは彼自身のため、彼の生まれながらの身体のためではなく、彼の信徒集団である、わたしたちの霊的な身体のためなのです。というのも彼はその教会を福音の説教によって集め、その聖霊をもって教会を美しく装い、装飾するからです。この美しい装いは、前にわたしたちはイザヤ書第五三章から述べた醜い姿と対照的に設定されています。彼は次のように語っているかのようです。エノシュなる人間と人の子は少しも飾られていないし、その受難に際して支持する者がおりません。彼が属する民は彼のことで彼を「十字架につけろ」「十字架につけろ」と叫びます。そうです彼の弟子たちも彼から離反し、彼から逃走します。しかし復活の後に彼は崇高な装飾と地上の多くのキリスト教徒の大きな支持を獲るでしょう。これが現世で彼が冠を授けられるようになる、美しい飾りと装いになるでしょう。

キリストとそのキリスト教世界の美装について預言者は力強く説教しています。イザヤ書六〇・一一はキリストについて言います、「あなたがたの城門は常に開かれていて、昼も夜も閉ざされることはなく、国々の富があなたのもとにもたらされ、その王たちもそこへ導かれる」と。またエレミヤ書一六・一九は言う、「国々は地の果てからあなたのところにやってくる」と。しかしダビデはキリストをその教会のこの美装について詩編四五編で崇高に、かつ、好ましく説教しています[1]。そしてイザヤはイザヤ書六一・一〇で全キリスト教世界の名の下に次のように語ります。「わたしは主によって楽しみ、わたしの魂はわたしの神にあって喜び躍る。主はわたしに救いの衣を着せ、義の上衣をまとわせてくださる。花婿のように祭司の栄冠を授け、花嫁のように装身具をもって飾ってくださる」と。

あの日には彼〔キリスト〕は、その選ばれた人たちと聖なる天使たちと一緒に栄光のうちに来られるとき、聖パウロがテサロニケの信徒への第二の手紙一・一〇で「主はご自分の聖徒の間で崇められ、すべて信じる者たちの間で驚嘆されるように来られるでしょう」と語っているように、正しい衣服と飾りでもって被われるでしょう。またキリスト自身もマタイ福音書二五・三一で「人の子は栄光に輝いて、また、天使たちを皆したがえて、栄光のうちに来るでしょう。それから彼は栄光の座に着かれ、彼の前にすべての民は集められるでしょう」と語っています。それから彼は自分の周りにご自分の指のわざのすべて、新しい天・月・星辰・全被造物をもたれるでしょう。ダビデはこれらすべてを、キリストがそれでもって飾られるべき「栄誉と飾り」によって表明しようとしたのです。それゆえこれらの言葉はキリストの復活とその戴冠の素晴らしい預言なのです。そしてこのような栄光と飾りは終わることがないでしょう。

（1）これについて『心からわき出た美しい言葉』金子晴勇訳、教文館、一一五頁以下を参照。

第六節

あなたは彼に御手のわざを主として治めさせ、
すべてをその足の下に置かれた。

ダビデはこの詩節でキリストを真実な人間として描き、同時にすべての被造物を治める真実な神にして主であると描いています。というのもタムシレフ（Thamschilehu）という言葉は「あなたは彼を主となすでしょう」は、ある人が主人とされるように、本来的には「主となす」ことを意味する。そこからモシェル（Moschel）が派生するが、それは神が「主」と呼ばれるような「主」を意味しないで、ある人が主人であり、また治めている仕方を言うのです。士師記八・二二、二三節はイスラエル人とギデオンとの関係について語って言う、「あなたとあなたの息子、またあなたの孫たちがわたしたちをミディアン人の手から救ってくださったのですから、わたしたちを治めてください」と。だがギデオンは答えた、「わたしはあなたがたの主ではない、わたしの息子もあなたがたに対し主であってはならない。そうではなく主があなたがたにとって主でなければならない」と。モシェル（Moschel）は「主人」の意味であって、家の主人がその家の主であって、彼に家のすべての人は妻も子供も召使いたち等々もしたがうべきです。この意味で神はエバに言った、「お前の意志はお前の夫に服すべきだ。そして彼はお前の主人（Moschel）であるべきだ」（創三・一六）と。あるいは地方の領主が主人であるように、その土地のすべての住民は主人に服従すべきです。ヨセフが創世記四五・九で言っているように「神がわたしを全エジプトの主人としてくださいました」。このようにキリストも主人とされました。それはすべてのものが人間も天使たちも彼に服従するためです。詩編二二・二九には「主は王権をもち、彼は国を治める（モシェル（Moschel）であって「主人」である）」とあります。詩編五九・一四は「神はヤコブにあって地の果てまでも支配者（Moschel）であることを彼らが知るように」とあります。

こうしてダビデは言う、「あなたは彼に御手のわざの主として治めさせよう」と、同じく「すべてをその足の下に置かれた」と。これをもって彼は、キリストが真の人間であって、同時に真の神であることを証言します。というのも神はご自分に等しい者でないなら、つまり神でないなら、誰をもその御手のわざの主としていないし、その足の下に置かれていないからです。神だけがその御手のわざの主であるし、すべてをその足の下に置かれるのです。今やこの人間、しばらくの間神に見捨てられたキリストが、神のすべてのわざ・天・天使・太陽・月・大地・人間・空気・水、および天にあるもの、地にあるもの、水の中にあるものの主となるべきです。このようにしてキリストは真の神であることになります。

ダビデはどのようにキリストが神のわざと被造物の主とされるかを明瞭に語っていないけれども、それでも彼はそれを十分に理解できるようにしています。というのも彼は「あなたは彼を主となすでしょう」と語っているからです。「彼」とは誰のことか。その人をあなたはしばらくの間神に見捨てさせ、あなたはその人を栄誉と装いでもって飾るでしょう。それゆえダビデは、キリストの死者からの復活後に起こる高挙と栄光の姿への変貌について語っています。高挙についてはペトロが使徒言行録二・三三で「それでイエスは神の右に上げられ、約束された聖霊を御父から受けた等々」と、また同書五・三一では「神は彼をその右手で引き上げて、王子と救い主とされた」と語っています。そしてパウロもフィリピの信徒への手紙二・九で「そのため神はキリストを高く上げられました」と言います。聖ヨハネはヨハネ福音書七・三九で「聖霊はまだそこに降っていなかった。なぜならイエスはまだ栄光を受けていなかったから」と言います。聖パウロはローマの信徒への手紙一・四で、それを「彼は栄光を受け、神の子と証明された」と呼んでいます。永遠からキリストは人となる前にあらゆる被造物に優る主でありました。しかし彼は人となり、しばらくの間神に見放されましたが、それでも栄誉と装いでもって飾られましたので、復活と昇天の後に、人性にもとづいて、死者たちの中からの復活と高挙の後に、啓示と栄光を受けることによって、一時的に主とされました。キリストは永遠から主として生まれていましたが、わたしたちのためには主となっていません。一時的にキリストは主となられ、死者からの復活によって栄光を受け、わたしたちにとっても主となられたのです。こうして彼は、わたしたちにとっても天と地にあるすべてのものに優る、主なのです。

こうしてキリストは今や真の人間にして真の神なのです。彼は処女マリアから生まれた一時的な誕生によって人間です。彼は父からの永遠に生まれた、永遠の誕生によって神なのです。人性によって苦難を受け、神に見捨てられ、死んでから、死者の中から再度甦り、栄光を受けることによってすべてに優る主とされたのです。神性によれば彼は永遠から神なのです。人性によれば彼は一時的に主とされたのであって、永遠からそうなのではありません。それゆえにすべての天使たちはこの人を崇拝するのです。というのも彼は神性と分かちがたい唯一のペルソナ〔人格〕であって、真正な神でもあり、二つのペルソナではないからです。彼は真の、自然的な人間なのです。なぜなら彼はエノシュ、つまり悩める人にして人の子なのです。彼は真の神なのです。なぜなら彼は神の手のわざであるすべてを治める主とされたからです。それは、イザヤが言うように、神のみに属しています。それゆえ彼は神であり、天使・人間・悪魔を支配する主なのです。地上の皇帝たちや王たちはこの王に対してはスペード〔カルタ〕の王と同じです[1]。しかしキリストは神がお造りになったすべてを支配する真正な王にして、主であります。彼は今や御父と同等の支配力・権力・栄光を備えておられますので、彼は真実な全能の神でありたまいます。

このようにダビデは、その霊でもって詩編一一〇・一で、「主はわたしの主に〈わたしがあなたの敵をあなたの足台となすまで、わたしの右手の座に着くがよい〉と語られました」と言います。この証言をキリストはファリサイ派の人たちに提示し、彼が人間であり、ダビデの子であるばかりか、ダビデの神であって主であることを証明しています（マタ二二・四三―四五を参照）。またマタイ福音書の最後のところでキリストは「わたしには天と地の一切の権能が授けられている」（二八・一八）と自己証言しています。その場合、どんな「わたしには」でしょうか。マリアの子として、また、人間として生まれた「わたしには」なのです。どのようにそれが「わたし」に与えられたのでしょうか。

「わたし」の神性によると、「わたし」が人間となった前に、父からそれをもっています。「わたし」が受難し、死人の中から甦った、「わたし」の人性によると、「わたし」はそれを一時的に受け取ったのです。そのとき、「わたし」が主であり、すべてを支配する権力をもっていることが、啓示され、かつ、明らかになったのです。

このことからわたしたちは重ねて、キリストが唯一、分かたれがたい、ペルソナであって、二つの本性、つまり身体と魂を備えた神的で人間的な本性をもっておられることを学びましょう。神性によると彼は真の神であって、父から永遠にわたって生まれ、父と聖霊と同等な権力と名誉をもっています。人性によると彼は人間の母から生まれた、真の人間にして人の子であり、あらゆる被造物と神のわざを支配する主として定められています。彼はすでに人間であり、人の子ですが、それでもすべてを支配する主として立てられたのです。彼は天使たちに服従しないで、その反対に天使たちが彼に服従しています。ヘブライ人への手紙二・五―七は次のように語っています。「神はわたしたちが語っている来るべき世界を天使たちにしたがわせようとなさいませんでした。だがある箇所で神は証言し、語っています。あなたが心に留める人間とは何者なのか。またあなたが悩ます人の子とは何者なのか。あなたは彼を天使たちよりも、わずかの間、低い者とされたが、栄光と栄誉をもって飾り、あなたの手のわざを支配させせました」。

しかし、テキストに刃のこぼれがないように、ダビデは「すべてをその足の下に置かれた」と語っています。この箇所はヘブライ人への手紙二・八「〈すべてのものを彼にしたがわせられた〉と言われていることで、この方にしたがわないものは何も残っていない」から強引に引用されました。楽園におけるアダムも同様に神の被造物とわざを支配する主とされましたが、すべてが彼の足下に置かれませんでした。そうです、最初の創造では人間はすべてを支配する主に定められず、ましてや天使たちを支配する主ではなかったのです。創世記一・二八には「海の魚、空の鳥、地の上を這う生き物をすべて支配せよ」とあります。これはキリストの支配と比べると、小さな支配、つまり魚・鳥・動物に対する人間理性の支配です。だが、ここではテキストは全く違った内容で、すべてをその息子の足の下に服従させた、御父だけを除いて、「すべてをその足の下に置かれた」（Ⅰコリ一五・二七を参照）のです。そしてこの支配は天使たち、人間、天地にあるすべてのものに及んでいます。

使徒パウロはエフェソの信徒への手紙一・二〇―二二で「神はキリストを死者の中から復活させ、天において自分の右に座らせ、すべての支配、権威、勢力、主権の上に置き、現世においてのみならず、来るべき世においても名づけられるすべてのものの上に置かれた。また神はすべてのものをキリストの足下に置き、キリストをすべての者の上にある頭《かしら》として教会に与えました。この教会はキリストの身体であり、すべてにおいてすべてを満たすお方の満ちているところです」と語っています。またペトロもペトロの第一の手紙三・二一―二二で「イエス・キリストの復活によってキリストは天上に上って神の右におられます。天使、権威あるものや勢力はキリストの支配に服している」と言います。ヘブライ人への手紙一・六には「さらにまた、神はその長子をこの世に送るとき、〈神の天使は彼を礼拝しなさい〉と言われる」とあります。

それゆえキリストはアダムが堕罪以前にあったよりももっと偉大で、崇高なのです。というのもアダムにはすべてのものが服従しておらず、その足下に置かれていませんから。キリストにはすべての者はその足下に置かれています。こうして全世界と彼の敵のすべては彼の足台とならねばならないでしょう（詩一一〇・一を参照）。

それゆえわたしたちは、このテキストを無視することができません。というのもこのテキストは、キリストが真の神にして人であるという条項を強力に根拠づけているからです。もし彼が人でなかったなら、彼はエノシュ、つまり人間、もしくはフィリウス・アダム、つまり人の子と呼ばれることはできなかったからです。もし彼が神でなかったならば、彼は神のわざを支配する主であり得なかったし、すべてをその足下に服従させることもできなかったでしょう。なぜなら、その本性上ただ真の神の他には、誰も天、天使、人間、生命、然り罪と死でさえも支配する、主である権利をもっていないからです。

このように今や一つのことが他のことに続いており、ダビデは誰が太陽であるかを格調高く、かつ、見事に結論しています。彼は語ります、「あのような生命が始まり、あの天、月、星辰が到来する、あの世界では、キリストが太陽となるでしょう」と。この世においても彼は、マラキが彼を呼んでいるように、「義の太陽」でもあります（マラ三・二〇を参照）。というのもキリストが、わたしたちのために人となり、また神に見捨てられても、わたしたちの益となるために死者の中から甦り、万物を支配する主となって、すべてをその足下に支配する主となったからです。この太陽から彼の福音と霊を通して、わたしたちは光を心に受け取り、それによってわたしたちは神をわたしたちの父として認識し、神を呼び求め、すべて善いことを神に期待するようになります。罪、死、悪魔、世界は等しくわたしたちを誘惑してきても、わたしたちは太陽である一人のキリストをもっています。彼はわたしたちの傍らに立って、わたしたちを助けてくださいます。わたしたちが父に近づくようにもしてくださいます。わたしたちが太陽であるキリストからもっている、光と福音にもっぱら固く留まるように致しましょう。

（1）本書七三頁を参照。

第七―八節

羊も牛も皆すべて、それに野の獣を加えられる。
空の鳥、海の魚、海路を渡るものも。

これはキリストの支配の最後の部分です。それは創世記一・二六に「そして神は言われた、わたしたちに似ている像である人間を創ろう。彼らに海の魚、空の鳥、家畜、地の獣、地を這うものすべてを支配させよう」と書かれているように、アダムが楽園にて受け取った支配です。アダムが楽園にて受け取ったものと同じものをダビデはここでわたしたちのキリストに服従させています。それはわたしたちが「キリストがご自分の特別な支配と国とをもっているなら、アダムの支配と国と関連はない」というような考えをもたないためです。それでもキリスト教徒は今この世に生きねばなりません。もしキリストがアダムの国となんら関係がなく、世界が彼らの敵であって、一片のパンも恵んでくれないとしたら、彼らはどこに留まって、食べ物や飲み物を探すのですか。そのような考えを阻止するために、ダビデはアダムが地上で魚、鳥、家畜などに対してもっている支配をキリストに服従させて、キリストの足下にすべての羊、すべての牛、すべての野獣、すべての空の鳥、すべての海の魚を置くようにと言います。

それゆえ広い世界にいるすべてのものは支配者であるキリストのものです。皇帝・諸王・君公たち、政府も家臣らも、信仰者も不信仰者も、信心深い者たちも無神論者らももっており、所有するものはすべて、キリストのものです。これらすべては彼に服従しています。すべての人はこれらの王や支配者のもとに、好意を得ようと、好意を得なくとも、存在せねばなりません。こうして今やキリストがすべてをその手中と権能のもとに収めているので、彼のキリスト教徒たちは豊かに世話をされるので、快適に過ごします。なぜなら、このように彼らは世に留まることができ、地上で食べることも飲むこともできるからです。聖使徒パウロはコリントの信徒への第一の手紙三・二一―二三で「すべてはあなたがたのものです。パウロもケファも、世界も生も死も、今起こっていることも将来起こることも。一切はあなたがたのものです。だが、あなたがたはキリストのもの、キリストは神のものです」と語っています。

このように聖霊は預言者ダビデを通してこの詩編で簡略で明朗な言葉でキリストについて次のことを教えています。すなわち、キリストにおける二つの本性、彼の神的で人間的な本性――したがってこの本性はそれでもキリストが唯一の分割されない人格であるように統合されています――、キリストの支配と王国、信仰の王国、キリストの王国は何によって地上に設立されたのか、つまり幼子と乳飲み子の口によってである、キリストの王国の成果と力、それが奉仕する目的、それが何を行い実現したか、つまり敵と復讐する者を滅ぼしたか、目に見える王国における被造物の栄光と更新、キリストの卑下・受難・死、キリストの復活・高挙・変貌、すべての被造物に対するキリストの支配と権力を教えています。この詩編はこのように崇高な条項を単純で簡潔な言葉で素晴らしく楽しい仕方で徹底的に究明しています。

第九節

主、わたしたちの支配者よ、
あなたの御名は全地にわたっていかに輝かしいことでしょう。

この詩節は歌の結末です。ダビデはこの詩編をまさに始めたと同じように、閉じています。彼はわたしたちの支配者である主がそのような国を設立し、そこへと教会を呼び集めた、言い表し得ないほど大きな恩恵に対して感謝します。教会はあらゆる国において主の名前を高く称賛し、天にある神に感謝します。この讃美の歌い手がわたしたちに予告したように、わたしたちもそれに倣って歌いましょう。主はわたしたちの支配者でもあります。その国は幼子と乳飲み子の口によって設立され、基礎づけられました。わたしたちは洗礼によってその国に入れられ、御言葉と福音によって日々そこに召集されています。またダビデと一緒に神が備えたもう諸々の天・神の指のわざ・月・星辰を見るであろうところにやって来るのを待ち望んでいます。主は王国を大きな責め苦と不安によって獲得しました。主は、今、栄誉と装飾でもって飾られ、万物をその足下に置かれています。そのためにわたしたちは神に称賛と感謝を献げますが、とりわけ人間の理性からではなく、わたしたちの太陽であるキリストから生まれる光と認識に、わたしたちを連れて行ってくださることに対して神を讃え、感謝します。キリストはわたしたちの太陽であって、わたしたちのために死にたまい、死人の中から甦り、わたしたちが彼によって救われるために生き、かつ、治めたまいます。このように神がわたしたちをすべて助けてくださいますように、アーメン。

マルティン・ルター

詩編二三「主はわたしの羊飼いです」の講解（一五三六）

ある晩の食事会の後で祈ってから講解する。
一五三五年に恐らく講解され、一五三六年に印刷された。

一　主はわたしの羊飼いです。わたしには欠乏するものがありません。
二　主はわたしを緑の牧場で養い、さわやかな水辺に伴い、
三　わたしの魂を生き返らせてくださる。
その御名にふさわしくわたしを正しい道に導いてくださいます。
四　またわたしが暗い谷をさ迷っていたときにも、禍を恐れません。
あなたがわたしの傍らにおられ、あなたの鞭と杖がわたしを慰めるからです。
五　あなたはわたしの敵に逆らってわたしの前に食卓を備えてくださいます。
あなたはわたしの頭に香油を注ぎ、お酒をついでくださいます。
六　恵みと憐れみは命のあるかぎりわたしのあとに付いて来ます。
わたしは主の家に何時までも留まるでしょう。(1)

一　この詩編の中でダビデは、他のすべてのキリスト教徒と一緒になって、神をその最高の祝福を授けることで称賛し、感謝します。そのわけは神の大切な聖なる御言葉を説教するためなのです。この御言葉によってわたしたちは、神の会衆あるいは教会である仲間〔との交わり〕へと召命され、受け入れられ、〔その成員に〕数えられるのです。そこでのみわたしたちは、純粋な教え、神の御心に関する真の認識、神に対する正しい奉仕を見いだし、かつ、それを所有することができ、その他のところではそれは絶対に不可能なのです。しかし聖なるダビデは、この高貴な宝を、素晴らしく、愛らし

く、装飾され、絵のように美しい言葉でもって、もっとも美しく称賛し、褒め讃えます。それに加えて彼は旧約聖書から、その神の礼拝から取ってきた比喩的な表現でもって語っています。

二　まず初めに、ダビデは自分自身を羊に譬えます。神ご自身は忠実で熱心な羊飼いとしてとてもよく面倒を見てくださいます。神は羊をとてもおいしい草の茂った牧草地である、美しい青草の野で養います。そこには新鮮な水が溢れていて、不足するものは全くありません。神はその杖でもって羊が迷うことがないように正しい道に率いてくださり、導いてくださいます。また、その羊飼いの杖でもって羊が狼どもに〔襲われて〕引き裂かれないように守ってくださいます。(2) それからダビデは神がその人たちのために食卓を準備する賓客と自分自身を比較します。その食卓で彼は力と慰め、爽快さと喜びの両者を豊かに見いだします。

三　また預言者〔詩編作者〕は神の御言葉に対して多くの種類の名前を与えます。彼は御言葉を素晴らしい、楽しい、緑の牧草地、新鮮な水、正しい道、杖、ステッキ、食卓、香油、喜びの油〔詩四五・七〔八〕を参照〕、いつも満杯な杯と呼びます。彼はそのようなことをいたずらにするのではありません。なぜなら神の力は多くの種類から成り立っているからです。美しく楽しい牧場、緑の草地、爽快な水、その羊飼いと一緒に羊がいる光景を考えてみてください。羊飼いは羊が害を受けないように杖や木の枝でもって導き、ステッキでもって羊が害を被らないで、完全に守られて、楽しみと喜びを獲るようにします。あるいは食物、飲み物、あらゆる種類の慰めと喜びが満ちあふれ、何も欠けるものがない食卓に座っている人のことを考えてご覧なさい。それから、わたしたちの詩編が歌っている羊飼いの羊である人たちのことを考えてみてください。この人たちには善いものが何も欠けることなく、魂でも、また身体でも豊かに供給されています。その有様はキリストがマタイ福音書六・三三で「何よりもまず神の国を求めなさい、等々」と言っている通りです。

四　というのも神の言葉が正しく純粋に説教されるときに、御言葉は、預言者が神の言葉に与えている、とても多くの名称、とても多くの利益と実りとを創造するからです。御言葉を熱心に、かつ、真剣に聞く人たち（わたしたちの主なる神はこの人たちだけを自分の羊として認めてくださいます）には、御言葉は羊が満ち足りて元気づけられる、心地よい緑の草や冷えた飲み物となります。同様に御言葉は彼らを正しい道に保ち、不幸や苦難が彼らを襲わないように彼らを守ります。また御言葉は彼らにとっていつも幸いな生活を与えます。そこには食物、飲み物、あらゆる種類の喜びと楽しみとが満ちあふれているからです。つまり、彼らはただ御言葉によって教導され、導かれ、元気づけられ、慰められるばかりか、その後は何時までも正しい道を歩むように維持されるのです。彼らは身体と魂との両者にわたってあらゆる困難から保護され、遂にはあらゆる試練と艱難に勝利し、それらを克服します。この詩編の第四節が告げているように、彼らは試練や艱難を堪え忍ばねばなりません。手短に言うと、彼らには何も苦難が襲わないと、全く安心して生きています。なぜなら彼らの羊飼いは彼らの世話をし、彼らを保護してくれるからです。

五　それゆえ、わたしたちはこの詩編から神の言葉を軽視しないことを学ばねばなりません。わたしたちは神の言葉を喜んで聞き、学び、愛し、かつ、尊敬し、身近で見つける小さな群れに加入すべきです。また他方、神の言葉を罵り、迫害する人たちから逃れ、彼らを避けるべきです。というのも、この至福な光が照っていないところには、幸福も救いも、身体や魂に対する力も慰めもなくて、ただ不和と恐怖と戦慄だけがあるからです。とりわけ憂愁、不安、むごい死が脅かすときにはそうなのです。

六　しかしながら預言者が言うように（イザ四八・二二を参照）、不敬虔の者たちが栄えようと、失敗しようと、そのようなことに関係なく、そこには決して平和がないのです。なぜなら彼らが繁栄すると、彼らは尊大となり、偉そうに振る舞い、傲慢になって、わたしたちの主なる神を全く忘れるからです。彼らが自慢し、誇っているのは、ただ彼らの権力・富・知恵・聖性だけです。彼らはこのようなものをどのようにして保ち、かつ、増大させようかと気遣っており、それらを妨げる者たちを迫害し、かつ、弾圧するのです。しかし、いつかは必ず起こるように、彼らの〔恵まれた〕局面は一変します。というのも、心が繊細なマリアはとても忠実な歌い手であって、歌の一音符も間違えたりしないからです。(3)そのとき彼らは、直ぐに絶望し、弱気になり、きわめて惨めで、とても悲しげな人たちです。何が彼らに欠けているのでしょうか。彼らはどこで、かつ、いかに慰めを求めるべきかを知っていません。それは彼らが神の言葉をもっていないからです。悪しきことが近づくとき、この神の言葉だけが忍耐と慰めとを正しく教えてくださいます（ロマ一五・四参照）。

七　このことはわたしたちに次のように警告し、かつ、熟考するようにさせねばならないからです。すなわち、とても喜ばしい御言葉を所有し、人がそれを自由に、かつ、公に説教したり、告白したりすることができる場所にいるという恩恵よりも大きく、かつ、貴重なものは地上にはないと考えるべきです。それゆえ神の言葉を人がそこで学ぶ、教会に所属するキリスト教徒が、この教会に入って来るたびに、この詩編のことを考えなければなりません。また喜ばしい心でもって預言者と一緒に、神が彼をその羊として貴重な草と新鮮な水が溢れる、気持ちのよい緑の牧場に伴いたもうた恩恵――それは言葉で言い表すことができません――に感謝すべきです。つまり彼は神の言葉を聞いて学ぶような場所にいることができ、そこから身体と魂の双方で豊かな慰めを創造することができるのです。

祝福されたダビデは、このように御言葉をもつことができるなら、それがいかに貴重な宝であるかをよく理解しておりました。それゆえ彼は、また、御言葉について見事に褒め讃え、かつ、歌って、そのような祝福が、この詩編や他の多くの詩編でよく見られるように、地上でのみ貴重で素敵なすべてのものよりも、遥かに優っていることをよく理解していました。わたしたちはこの技法を学び取り、その手本に倣って、わたしたちが愛する大切な羊飼いである神に感謝するだけでなく、（ダビデが最初の五節で行っているように）彼がわたしたちに純粋な好意から与えてくださる、言い表すことができない賜物を誇らねばなりません。それればかりか、わたしたちは（ダビデが最後の節でしているように）そのような幸運を保ち、その聖なるキリスト教の教会から決して転落しないように、真剣に神に願い、かつ、求めねばなりません。

八　また、そのような祈りはとても必要なのです。というのも、わたしたちは非常に弱く、使徒パウロがコリントの信徒への第二の手紙四・七で語っているように、そのような宝を土の器に納めているからです。そうすると、わたしたちの敵である悪魔は、この宝のゆえにわたしたちを殺害しようと敵意を懐くのです。それゆえ彼は休むどころか、吠え猛るライオンのように、わたしたちの周りをうろつき、わたしたちを貪り食おうと狙います（Ｉペト五・八を参照）。わたしたちが首に担っている肉の古い袋――その中にはなお多くの欲望とか罪が染みついています――のゆえに、悪魔は、なお、わたしたちに話しかけてきます。それに加えて、愛するキリスト教世界がそんなにも多くの忌まわしい躓きで中傷され、不潔にされるので、そのことのゆえに多くの人たちが教会から転落します。ですから、わたしは言いたい、わたしたちは祈る必要がある、と。そして純粋な教えを絶えず追求し、あらゆる躓きに対して身を守り、終わりまで耐えて、わたしたちが救われるようにしなければなりません。

九　分別を欠き目の見えない世は、この宝と高価な真珠のことを全く何も知っていません。雌豚や理性を欠いた動物のように、この世はどうしたら腹を満たすことができるかしか考えません。あるいは程度がすこし高い場合には、この世は虚言と偽善にしたがって、真理と信仰を捨てます。そんなわけで世は、神の聖なる御言葉のために詩編を歌ったりしません。そうではなく、神が世に御言葉を提供すると、異端だとしてそれを冒瀆し、かつ、断罪します。この世はそれを教えたり告白する人たちを、世が被害を受ける誘惑者とかひどい悪者として迫害したり、殺したりします。ですから、ごく小さな群れに至るまでそのような恩恵を認識し、預言者〔詩編作者〕と一緒になって、神に向かって詩編か感謝の歌かを唱えることを疑ってはなりません。

一〇　だが、あなたは神の言葉の説教を聞くことができない人々について何を言いたいですか。たとえば暴君や真理の敵たちの支配下にあちらこちらに住んでいる人たちについてです。イザヤがイザヤ書五五・一一で（「わたしの口から出るわたしの言葉は空しくわたしのもとに戻らない」）と言っているように、神の言葉が説教されるところには、空しく〔実りなく〕それが発送されることはありません。また敬虔なキリスト教徒たちはそのようなところで彼らが高く評価する利点をもっています。というのもキリスト教徒たちにとって人がそこで神の言葉を自由に、かつ、公に教えたり、告白したり、キリストの命令によってサクラメントが執行される場所にいるというのは、とても大きな特権だからです。なぜなら人が神の言葉を自由に公的に教えたり、告白したり、またキリストの命令にしたがってサクラメントを執行できる場所にいることができるのは、キリスト教徒が、とても注目すべきことですから。しかし、そのように宣教するキリスト教徒は全く少数です。偽りのキリスト教徒は信仰深いキリスト教徒よりも何時でもとても多いのです。そのような大部分の大衆は神の言葉について何か質問したりしませんし、神の言葉を全く危害や危険なしに聞くことができることを恵みと認めません。そうです、彼らは直ぐに飽きて嫌になり、御言葉を聞き、聖なるサクラメントを受領することを重荷のように考えます。

一一　これに反して、暴君の支配下に苦しまねばならない人たちは、大きな願望を懐いて日夜そういったものを求めて叫ばねばなりません。キリストがわたしたちに豊かに授けられたパンの小さなかけらだけでも時たま授けられると、彼らはそれを大きな喜びと感謝とをもって受領し、とても役立つようにします。それなのにわたしたちの豚どもは、この貴重なパンを豊かにもち、多くの籠にパンくずが一杯になったのに、それに飽きてしまって、その臭いを嗅ごうともしません。そうなのです、豚は御言葉を突き出た鼻でひっくり返し、その中をかき回し、足で踏みつけ、その上を走っていくのです。

こうして「何かが一般に〔みんなが一斉に〕使われはじめると、それがどんなに高価であっても、もはや評価されないで、軽蔑される」という格言が通用するようになります。だが、残念なことに、そのような格言はわたしたちが愛している御言葉にとりわけ当てはまることが起こります。人々が御言葉をもちますと、彼らはもう〔二度と〕もとうとはしません。これに反して、人々は御言葉をもっていないときには、彼らは心から喜んで御言葉をもちたがるでしょう。だが神の言葉が教えられている教会の入口に立つと、人々は説教が聞こえる間は市場のあたりをぶらつき、堀のあたりを散歩します。彼らは一〇マイルか、二〇マイル、あるいはもっと多く歩くと、詩編四二・四〔五〕にあるように、彼らは喜んで大衆と共に歩み、彼らと一緒になって神の家に静々と歩み入り、小躍りして喜び、感謝の声をあげるのです。

一二　このように簡単ですが暴君の支配下に住んでいる人たちについての質問にお答えしました。彼らがトルコ人の間に、あるいは教皇のもとに分散しているならば幸いです。この人たちは神の言葉を奪われていますが、それでも心から喜んで御言葉をもちたいと願い、彼らの運命が変わるまでは、彼らに与えられる断片を感謝して受け入れています。神の言葉が説教され、聖なるサクラメントがキリストの命令によって執行されている場所から彼らが遠く離れていないなら、彼らはもちろんそこまで旅していって、その宝を用いるかもしれません。実際、多くの人たちが行っているように、そのことのゆえに彼らの不敬虔な政府によって身体や財産で罰せられるでしょう。だが彼らがそのような場所から遠く離れて住んでいるなら、それを求めて、ため息をつくことを止めないばかりか、わたしたちの主キリストは彼らの嘆息を聞き届け、ときが来ると彼らの捕囚を変えられることでしょう。もう一度言います。このような宝を戸口で豊富にもちながらも、そのどれでも軽蔑する人たちは不幸であり、まさに悲惨です。このような人たちには次のようなキリストの言葉が実現することでしょう。

「多くの人たちが朝から晩までやって来て、アブラハム、イサク、ヤコブと共に天国に座するであろう。だが、御国の子らは外の暗闇に追い出されるであろう」（マタ八・一一―一二）。

この詩編の講解をはじめるに当たって、このような前口上が語られねばなりません。さあ、わたしたちはこの詩編について簡略に考察いたしましょう。

（1）ルターはこの詩編を一五五三年のある晩の食事会の後に説教しはじめたと言われている。この詩編講解の七七節にはルターがここ一八年の間、激動のうちに過ごしてきたと回顧していることから、講解をはじめた事情が推察される。この講解の筆記はもっとも忠実な筆記者であるゲオルグ・レーラーによって行われた。

（2）「杖」は「棒」を指すが、それは「監督者のもつ杖」で「部下」や「職員」を意味する。

（3）マリアの賛歌を参照。とくにルカ一・五一以下では神が高慢な者を裁き、権力者を引きずり下ろす等々と言われる。

第一節

主はわたしの羊飼いです。わたしには欠乏するものがありません。

一三　まず最初に預言者は、またすべて信仰する心は、神をわが羊飼いと呼びます。聖書は神に多くの親しみのある名前を与えていますが、それでも預言者が神を羊飼いと呼び、「主はわたしの羊飼いです」と語って、ここに神に授けている名前は、とりわけ好ましく優雅なものです。聖書が神をわたしたちの避けどころ、わたしたちの力、わたしたちの岩、わたしたちの城、盾、希望、わたしたちの慰め、救い主、王等々と名づけるとき、それはとても励みになります。というのも神はその民に、絶え間なくその行動でもって聖書が神を描いているように、それが全く真実であることを証明してくださるからです。しかしながら神がここに、またその他のところでもしばしば聖書で羊飼いと呼ばれていることはとても慰めになります。なぜならこの一つの小さな言葉「羊飼い」でもって、ほとんどすべてのことが、神について称賛される善いことと慰めとなることが、一緒になって理解されるからです。

一四　それゆえ預言者〔詩編作者〕はこの〔羊飼いという〕言葉を喜ばしい揺るぎない心から語ります。その心は信仰に溢れており、大きな喜びと慰めで満たされています。彼は「主はわたしの力、砦等々です」とは言いません。これもまたとても慰めに満ちておりますが、「わたしの羊飼い」と呼びます。彼は恰も次のように言いたいようです。「主はわたしの羊飼いです。わたしはその羊です。ですからわたしは身体と魂の双方でよく面倒を見てもらっています。彼はわたしを豊かに養い、保護し、不幸からわたしを助け出し、わたしの世話をし、わたしをあらゆる困難から助け出し、慰め、力づけてくださいます。要するに善い羊飼いがなすべきことを彼はわたしにしてくださいます」と。

一五　このような恩恵のすべて、およびそれ以上のことがこの小さな言葉「羊飼い」に込められています。ですから彼はそれを解釈して、「わたしには欠乏するものがありません」と語るのです。それに対し聖書が神に与えている他の名前のあるものは何か余りに崇高で荘厳に聞こえ、そのように呼ばれるのを聞くと、直ちに畏怖と恐れとを引き起こします。たとえば聖書が神をわたしたちの主、王、創造主等々と呼ぶときです。小さな言葉「羊飼い」はそうではなく、とても好ましく響き、信心深い人たちがそれを読んだり聞いたりすると、直ぐに、「父」やその他の言葉が神に帰せられるとき認められる、確信、慰め、安心を彼らに授けます。それゆえに聖書が荘厳なる神を敬虔で忠実な、あるいはキリストが語っているように、「善い羊飼い」（ヨハ一〇・一四）と比較するとき、また貧しく、か弱く、哀れな罪人であるわたしたちを羊に比べるとき、この心象〔比喩的な像〕は聖書に見られるもっとも美しく慰めに満ちたものの一つでありながら、とてもよく知られたものなのです。

一六　しかしながら、人が被造物のところに行って、そこから預言者たちがこの像やそれとよく似た像を採り入れ、自然のままの羊の性質と流儀、また、敬虔な羊飼いの職務・仕事・配慮が何であるかを熱心に学ばないなら、人はこの慰めに満ちた愛すべき心象をより良く理解することができません。誰でもそういうことを注意深く実行する人は、それによって羊飼いや羊に関する聖書にあるこの比喩と他の比喩を容易に理解するばかりか、比喩的表現がその人にとってずば抜けて甘美で慰めに満ちたものともなるでしょう。

一七　羊というのは羊飼いの助け、保護、配慮によってのみ生きなければなりません。それが失われるや否やあらゆる種類の危険が羊を取り巻き、死ななければなりません。羊は自分自身を全く助けることができないからです。その理由は何ですか。それは羊が貧しく、か弱く、質素な小動物だからです。羊は自分を養うことも、治めることも正しい道を見つけることも、自分自身をどんな危険や不幸から守ることもできません。そうでなくとも本性からして臆病で、うかつで、迷いやすいです。少しでも迷い出て羊飼いの下を離れると、再び彼を見いだすことができません。そうです、益々彼から遠くへ離れていきます。そうしてたとえ他の羊飼いらと羊を見つけても、それは助けとなりません。なぜなら羊は他の羊飼いらの声を知らないからです。ですから羊は彼らから逃げていって、狼に捕まるまで、あるいは他の方法で命を失うまで、迷走します。

一八　だが羊がどんなに弱い小動物であっても、それでも羊は全力を尽くしてその羊飼いに関わり、彼の助けと援護に慰められ、どのように、かつ、どこに彼が導いても、彼にしたがうような性質を身に備えもっています。羊は羊飼いの近くにいるだけで、何も心配しないし、誰をも恐れないで、安心でき、喜んでいます。なぜなら自分に欠けるものは全く羊は何もないからです。なおそれに加えて羊は、その羊飼いの声を非常に注意深く、かつ、確実に聞き、それに導かれて、それから決して顔をそむけず、横道に逸れないでしたがう徳を身に備えもっています。羊は羊飼いの声をうまく感知できるのです（それはキリストがそのこと〔自分を知っていること〕を特別にその羊のもとで称賛しているから（ヨハ一〇・一四を参照））。他方において羊は見知らぬ羊飼いたちの声には全く気づきません。彼らが羊をとても親しげに誘惑しても口笛を吹いても、羊はそれを受け入れないし、ましてや彼らにしたがうことなどありません。

一九　繰り返しますと、その小羊を緑の牧場に伴う世話をし、それに付随するその他の多くのことのみならず、さらに羊に危害が及ばないようにすることは、敬虔な羊飼いの任務なのです。それに加えて彼は羊が一匹も失われないように熱心に世話をします。しかし、彼らの一匹でも迷うならば、その後を追いかけ、捜し、取り戻します（ルカ一五・四を参照）。若くてか弱い、病んだ羊には、強く健康になるまで、念入りに世話をし、待ち受け、もち上げ、担ぎます（イザ四〇・一一を参照）。それと同じように霊的な牧羊の仕事でも、つまりキリスト教世界でも行います。自然のままの小羊が自分を養ったり、導いたり、治めたり、危険と不幸から守ったり、保護したりすることはとても稀なのです。なぜなら小羊はか弱いばかりか、全く無防備な小動物ですから。それと同じようにわたしたちは貧しく、か弱い、悲惨な人たちを霊的に養い、治めて、正しい道を歩ませ、そこに留まらせることが稀なのです。あるいは自分自身の力でわたしたちをあらゆる悪から守り、不安と苦境にあって助けと慰めとを自分のために獲得するのは稀なのです。

二〇　というのも、神について何も知らず、罪のうちに孕まれ、誕生し（詩五一・五〔七〕を参照）、生まれながらにして怒りの子供にして（エフェ二・三を参照）神の敵である者が、どうしたら神に喜ばれる仕方で自己を治めることができるでしょうか。イザヤがイザヤ書五三・六でわたしたちが迷わざるを得ないと言っているのに、どうしたらわたしたちは正しい道を見いだし、そこに留まることができるでしょうか。どうしたらわたしたちは悪魔から（悪魔というのはこの世の君主で支配者です）身を守ることができるでしょうか。わたしたちはみな彼の捕虜であって、全力を尽くしても、小さな葉がいたまないようにすることさえ、そうです、無力な蠅に〔来るなと〕命令することさえできないのです。わたしたちはそれでも毎日のように、毎時間ごとに、自分の下や他人の下で、どんなに些細な身体的な困窮に再会したときでも、忠告も助けも慰めも求めることができないかを経験するとき、わたしたち貧しい悲惨な者どもが、神の審判・怒り・永遠の死に反対して、大きな慰め・助け・計画について一体何を一段と誇ろうとするのでしょうか。

二一　それでは率直に結論を下しましょう。ちょうど自然のままの小羊が自分を全く助けることができないで、その羊飼いからすべての恩恵を単純に期待しなければならないように、それよりももっと僅かに人間はそうした事態に陥ると、自分自身を治め、慰め・助け・忠告を自分で見いだすことができません。人間は、そのようなことのすべてをその羊飼いである神から期待しなければなりません。神はその身体を気づかう何らかの敬虔な羊飼いよりも、千倍も進んでかつ熱心に、その小羊になすべきすべてをなしたまいます。

二二　しかし、預言者〔詩編作者〕がこれまでそんなにも多くの時間を使って預言してきたこの「羊飼い」というのは、わたしたちの愛する主であるキリストなのです。彼はモーセとは全く異なる羊飼いなのです。モーセはその羊に過酷で、かつ、非友好的です。彼は羊らを荒れ野に追いやりました。そこには牧草地も水もなく、全くの欠乏だけでした（出三・一を参照）。しかしキリストは善き親切な羊飼いでして、荒れ野の中でやつれ果てたり、見失われたりした小羊を探し求め、荒れ野で見つけたときには、喜んで肩に担ぎます（ルカ一五・四―五を参照）。また羊のためにはその命を捨てます（ヨハ一〇・一五を参照）。これが親切な羊飼いでしょう。誰が喜んで彼の小羊とならないでしょうか。

二三　しかし、その小羊に話しかけ、呼びかけるこの羊飼いの声は、聖なる福音であって、これによってわたしたちは、恩恵・罪の赦し・永遠の至福を獲得することを教えられます。このことはモーセの律法によるのではありません。律法によってモーセはわたしたちが以前でも余りにも脅えやすく、もろく、怖がっていたのに、それよりももっと臆病にし、迷いやすく、戦慄させます。そうではなくわたしたちはこのこと〔恩恵・罪の赦し・永遠の至福を獲得すること〕をキリストによって教えられるのです。キリストはわたしたちの「魂の牧者にして監督者」（Ⅰペトニ・ニ五）なのです。キリストはわたしたち哀れな見失われた羊を探し求め、荒れ野から連れ戻してくださいます。つまり律法・罪・死・悪魔の暴力・永遠の呪いから救い出してくださいます。その命をわたしたちのために捨てることによってキリストは、わたしたちに悪魔とあらゆる不幸に逆らう恵み・罪の赦し・慰め・援助および永遠の生命を獲得してくださったのです。このことはキリストの羊たちにとって好ましい甘美な声なのでして、羊たちは心から喜んで聞き、よく認識し、それにしたがいます。だが、それとは違って響く見知らぬ声を認めても、聞き入れないで、それを避け、それから遠ざかります（ヨハ一〇・五）。

二四　キリストがその羊たちを養う「緑の牧場」というのは愛する福音なのです。福音によってわたしたちの魂は養われ強化され、誤謬から守られ、あらゆる試練と苦難にあって慰められ、悪魔の狡知と暴力に対抗して保護され、最後にはあらゆる窮地から救われるのです。

二五　しかしながらキリストの羊たちは、みな等しく強力ではなく、その一部はなお失われ、あちらこちらに分散され、傷つき、病んでおり、若くして弱いのです。それゆえ彼は彼らを追放しないで、他の欠陥のない羊に対するよりもいっそう熱心に配慮します。というのは、エゼキエルがエゼキエル書三四・一六で言っているように、彼は失われた羊を捜し、分散した者たちを集め、負傷者たちを介抱し、病める人を介護します。また生まれたばかりの若く、か弱い羊たちをイザヤがイザヤ書四〇・一一で言っているように、その腕の中に集め、彼らが疲れないように担い、羊の母親たちを清く正しく念入りに導いてくださいます。これらすべてをわたしたちの愛する羊飼いであるキリストは、他の箇所でしばしば、かつ多くの言葉でもって教えておられるように、説教の職責と聖なるサクラメントによって遂行したまいます。そのようなことを必要に応じて言葉で言い尽くすのは、ここでは余りに長く時間がかかるので、そこで預言者〔詩編作者〕は後に詩編の中でそれを知らせるでしょう。

二六　そういうわけで、わたしたちは教皇制の下でどんなに恥ずかしくも惑わされたかを、今や真によく感じ取ることができます。人々は、愛する預言者たち、使徒たち、またキリストご自身がなさったようには、わたしたちにキリストを好意的に生き生きと描写しませんでした。そうではなく、人々はとてもひどい仕方で彼を描き出したので、わたしたちはモーセを恐れるよりも彼を恐れてしまいました。またキリストの教えよりもモーセの教えの方が遥かに容易にして友好的であるとしか考えられませんでした。したがってわたしたちはキリストを怒ったような裁判官であるかのようにみなし、その怒りをわたしたちは善いわざと聖なる生活でもって和らげ、キリストの恩恵を愛する聖人たちの功績と執り成しによって獲得すべきであると理解していたのです。それは恥ずべき虚言でしたので、惨めな良心が痛ましくも欺かれたばかりか、また神の恩恵を極端に侮辱し、キリストの死・復活・昇天などを彼の言い表し得ない祝福と一緒に否定し、彼の聖なる福音を冒瀆しかつ断罪し、信仰を根絶し、その場所に戦慄・虚言・誤謬を引き起こすのです。

二七　もしそれが闇でないなら、闇とは一体何なのか、わたしには分かりません。そのことに誰も今日に至るまで気づかず、みんなそれが純粋な真理であると考えていました。また今日でもわたしたちの教皇主義者たちはそれを正しいものとして保存し、そのために多くの罪のない人たちの血が流されることを欲しています。愛する人よ、わたしたちが自分を養い、治めることができるのなら、誤謬に対して警戒し、わたしたちの功績によって恩恵と罪の赦しとを獲得し、悪魔とすべての不幸に反抗し、罪と死を克服することができるのなら、そのときには、わたしたちが見失われ、散らされ、傷つけられ、弱く、かつ、無防備な羊であると証言している、すべての聖書は嘘つきに違いありません。もしもそうならば、わたしたちにはキリストがわたしたちを捜し求め、集め、導き、結びつけ、面倒を見、悪魔に対して強くする、羊飼いとなる必要はありません。そのときにはキリストがその命をわたしたちのために捨てても無駄になるでしょう。というのも、もしわたしたちがこれらすべてをわたしたち自身の力と敬虔で達成し、獲得できるなら、キリストの助けを全く必要としなくなるからです。

二八　しかし、あなたはここで直ちに反対のことを聞くでしょう。それは見失われた小羊であるあなたは、羊飼いへの道を見いだすことができず、ただ誤った道をさ迷うだけであると言うのです。そしてそこではあなたの羊飼いであるキリストは、あなたを捜さず、連れ返さず、あなたはただ狼の餌食となるだけだろうと言うのです。だが今やキリストは来たりたまい、あなたを捜し、見いだし、その群れのところに、つまりキリスト教世界に、御言葉とサクラメントによって連れ戻し、あなたにその命を与え、その後あなたが誤謬に陥らないように正しい道にあなたをいつも保ってくださいます。そこでは、あなたの力・善いわざ・功績について全く何も聞くことはないでしょう。というのも、あなたは〔これまでは〕あなたの力・善いわざ・功績が必要であると欲し、誤った道を走り、無力で、見失われていたからです。ここではキリストだけが活動し、功績を挙げ、その力を立証します。彼はあなたを捜し、担い、導きます。彼はその死によってあなたに命を得させます。彼のみが強くあって、あなたを破滅から守り、その手から誰も奪うことはありません（ヨハ一〇・二八参照）。これらすべてに対してあなたは耳を傾け、聴いて、感謝の言葉を述べてそのような言葉で表現できない宝を受容し、あなたの羊飼いの声をよく知るようになり、彼にしたがい、見知らぬ人の声を避ける以外には全く何もなし得ません。

二九　したがってもしあなたが身体と魂において豊かに世話を受けたいなら、この羊飼いの声にとりわけ熱心に注意を向け、彼があなたに語るのを聞き、あなたを彼に養わせ、治め、導き、守り、慰めるようにしなさい。つまり彼の言葉に寄りすがり、聞き入れ、それを喜んで学びなさい。そうすれば身体と魂の両方において確実によく配慮されるでしょう。

三〇　これまで語られたことから、人は容易に「主はわたしの飼い主である」という言葉、しかもこの詩編の全体とを理解できます。「主はわたしの飼い主である」という言葉は短いですが、とても重要で、優れています。この世は名誉・権力・富・人々の好意などを自慢し、鼻にかけています。しかしこの詩編はそれらのどれも自慢しません。なぜならそれらがみな不確かであり、過ぎ去っていくからです。詩編は簡略に、かつ、正しく「主はわたしの飼い主である」と語ります。こうして安定した確実な信仰は、一時的で過ぎ去っていくすべてに、それがどんなに高尚で貴重であっても、背を向け、顔と心を真っ直ぐ主に向けます。主はお一人ですべてであり、すべてを為されます。「このお方こそ、そしてその他の誰でもなく、王にして皇帝であり、わたしの飼い主である」と詩編作者は言います。それゆえ彼は自由に語り出し、全くの確信をもって次のように語るのです。

わたしには欠乏するものがありません。

三一　このように詩編作者は、一般的な仕方で、わたしたちが説教の職務によって受容する、あらゆる種類の身体的で霊的な祝福を語ります。彼は次のように言いたかったようです。「主がわたしの飼い主であるなら、もちろんわたしに欠けるものはありません。わたしは食事・飲み物・衣服・栄養・庇護・平和・この世の生活を維持するに役立つだけのあらゆる必需品を有り余るほどにもつでしょう。というのもわたしは豊かな羊飼いをもっており、彼はわたしを欠乏状態に放置して苦しめないからです」。しかしとりわけ彼は神の言葉がわたしに供給する霊的な善意と賜物について語り、そして言います、「主はわたしをその群れの中に加えてくださり、牧草地と警戒の世話をしてくださいますから、つまり彼はわたしにその聖なる言葉を豊かに授けてくださいますから、彼はわたしをどこかで欠乏させたりなさいません。彼はその祝福を言葉で授けますので、それが強力に働いて、わたしの成果をもたらします。彼はわたしにその霊を授けてくださり、あらゆる試練と苦難のときにわたしの傍らにおられて、慰めてくださいます。御霊はわたしの心を安全に守り、確かなものとしてくださいますので、わたしが主の愛する小羊であり、彼がわたしの羊飼いであることに疑いをもったりしません。彼はわたしを彼の貧しく弱い羊として正しく対処してくださいます。彼はわたしの信仰を強化しようとされ、他の霊的な賜物をもってわたしを飾り、あらゆる困難なときに慰め、わたしが呼びかけると聞き入れてくださいます。悪魔である狼から守ってくださいますので、狼はわたしを苦しめることができません。また終わりにはあらゆる不幸から解放してくださいます」。詩編作者が「わたしには欠乏するものがありません」と語るとき、このように彼は考えているのです。

三二　あなたは次のように言うでしょう、「その通りです。ですがどうしてわたしは、主がわたしの羊飼いであることを知るのでしょうか。でも、わたしはいまだ、詩編が語っているように、主がわたしに親切であることを、経験しておりません。そうです、わたしはその反対のことを経験します。ダビデは聖なる預言者であり、神にとって大切で価値あるお人でした。ですから彼はそのようなことを語ることができたし、彼が語ったように、とてもよく信じることができました」と。

それに対しわたしはお答えします、わたしは先に小羊というものが、それ自身で取り分け、その飼い主の声をよく知っており、その目よりも耳にしたがって導かれるという、善い性質と素晴らしい徳をもっていることを示しました〔本書一八項（一五四頁）を参照〕。まさにそれと同じ徳をキリストもその小羊の下で称賛して、〔ヨハネ福音書一〇・二七で〕「わたしの羊はわたしの声を知っている」と語ります。しかし彼の声は「わたしは良い羊飼いである。わたしは自分の羊のために命を捨てる。わたしは彼らに永遠の生命を与える。彼らは決して滅びず、誰も彼らをわたしの手から奪うことはできない」〔同一〇・一四、一五、二八節を参照〕と告げています。この声に熱心に注意を傾け、それをめざしなさい。そうすれば、あなたがキリストの小羊であり、彼があなたの飼い主であって、あなたのことをよく知っており、名前を呼んでくださるのを心得ておられるのを、あなたは確信するでしょう。だがあなたがキリストを飼い主とすると、あなたには本当に何も欠けることがないでしょう。そうです、あなたはもつべきもの、永遠の生命をもうもっているのです。同様に、あなたは命を失うことはないでしょう。あなたを彼の手から引き裂くことができるほど偉大で強力な権力などあり得ないのです。このことをあなたは確信すべきです。というのもこの羊飼いの声は確かに欠けてはいないからです。これに優る何をあなたは欲するのですか。

三三　だが、あなたがこの声を無視し、あなたが目で見、古いアダムが感じることに向かうならば、あなたは小羊として彼をあなたの羊飼いとしてもつべきであるとの信仰と確信を失うでしょう。あるときはこういう考えを、また、あるときはあなたはあのように考えを懐き、そのためあなたは自分自身に満足しないで、一人で論じて、「主がわたしの羊飼いならば、どうして主は全く咎がないわたしを世がこんなにひどく苦しめ迫害するように定めたのか。わたしは狼たちの真ん中に座り、一瞬間も自分の生命が確かではないのに、わたしを守ろうとする羊飼いを見いだしていません」と言わねばならないのですか。同じように、「どうして主は、恐怖と躊躇を伴うこんなにも多くの苦難をわたしに課すことを悪魔に許しておくのですか。それに加えてわたしは不器用で、弱く、忍耐できなく、なお多くの罪を背負っており、自信を感じず、疑わしいだけで、何の慰めもなく、ただ神の怒りの前で恐れと戦慄を見いだすだけです。一体何時になったら主はわたしの羊飼いであることをわたしに証明しはじめるのですか」とわたしは言わねばならないのですか。

三四　もしあなたが主の声と言葉に留意しないならば、そのような、またその他のもっと奇妙な思いつきをあなたはもつようになるでしょう。あなたが主の声と言葉にしっかりと寄りすがらないなら、あなたは悪魔の狡知・この世の不興と暴虐・あなた自身の弱さと無価値なことで攻撃されることはないし、かえってそうしたものから自由とされ、次のように言うでしょう。「悪魔と現世さらにわたし自身の良心も、いつもできるかぎり激しくわたしに反抗させよう。そうだとしても、わたしは悲嘆に暮れて死に至りはしない」。キリストの小羊であるものが誰でも狼たちによって攻撃されないでいることはないのですから、そのようでなければならないし、また、そのように歩むべきです。それが起こりうるようにわたしにさせ、人々に激昂させ、わたしを火あぶりにさせても、わたしの羊飼いがわたしのためにその命を捨てたことがわたしの慰めとなります。それに加えて彼は快い、かつ、愛らしい声をもっており、それでもってわたしを慰め、わたしが決して死ぬことなく、誰もわたしを彼の手から引き裂かないし、わたしが永遠の生命を得ることになる（ヨハ一〇・二八を参照）と語ってくださいます。このことを彼は、わたしに何が起ころうと、忠実に守ってくださいます。またわたしの弱さのゆえに、中でも何かなお罪やその他の欠点が出てきても、彼はわたしを投げ捨てたりしないでしょう。なぜなら彼はか弱い小羊を待っており、その傷を包帯で巻いて癒してくださる、親切な羊飼いだからです。またわたしが益々確信し、そうです、それを疑わないために、彼はわたしに聖なるサクラメントを証拠としてここに残してくださいました。

三五　まさしく預言者〔詩編作者〕もそのようでした。彼はいつも楽しそうではなかったので、つねに「主はわが飼い主、わたしに欠けることはない」と歌うことができませんでした。時折は彼は少しだけ豊かでしたが、実際はほとんどいつも多くものが欠乏していたので、正義・神の慰め・援助が欠けており、罪だらけで、神の怒り・戦慄・臆病・地獄に堕ちる不安を感じておりました。それにもかかわらず、彼は自分のそのような感覚から転じて、将来到来するメシアを約束する神を捉えて、次のように考えました。「何でもわたしに起こるがよい。それでもわたしが恵み深い、かつ、憐れみ深い神をもっていることは、わたしの心の慰めなのです。なぜなら神はわたしの羊飼いですので、その言葉と約束がわたしを強め、慰めるため、わたしには何も欠けるものがないからです」と。彼はまさしくこの理由で、この詩編やその他の詩編を書いたのです。それはわたしたちが真の試練に遭遇したとき、その他のどこにも助言と慰めを見いだすことができないとの確信を懐くためなのです。また神の言葉と約束に寄りすがり、御言葉にもとづいて判断し、心の感覚にもとづいて判断しないこと、これだけが黄金の術なのです。そうすれば助けと慰めが確かに付きしたがい、何も欠けることはないでしょう。これに第二節が続きます。

第二節

主はわたしを緑の牧場で養い、さわやかな水辺に伴います。

三六　預言者は第一節でこの詩編全体の意味を簡潔に捉えました。つまり主を羊飼いとしてもつ人には何も欠けるものはないと。この詩編で彼はそれ以上のことを教えていません。ただ彼は同じことをさらに繊細で婉曲な言葉と比喩でいっそう引き延ばし、主の小羊には何も欠けるものがなく、「彼はわたしを牧養する等々」とそれがどのように起こったかを語ります。しかし彼は、他の箇所でしばしば行っているように、この詩編全体を通して字義的な意味とは何か相違する言葉を使います。彼が羊飼い・緑の牧場・さわやかな水辺・鞭・杖という言葉を使うときには、わたしたち人間がそれでもって語る習慣となっているものとは何か違ったことが、それによって理解されるように願っていました。またそのような語り方は聖書ではごくありふれたことです。ですから、わたしたちはそれに関して熱心に注意をはらい、それに習熟し、それを理解するようにすべきです。

三七　しかしどんなに彼が素晴らしく語っているか注目しなさい。彼は言います、「わたしは主の小羊である。彼はわたしを緑の牧場で養い、等々」と。普通の羊にとってその羊飼いが心地よい緑の野原とさわやかな水辺で養ってくれる時よりも幸いなことはありません。そのようなことが羊の身に起こるとき、それは地上では誰も彼より豊かで祝福されたものはないと羊に思わせるのです。というのも羊が欲しいと思うすべてがそこに見いだされるからです。そこには好ましい、繁った、豊かな草がありますが、それによって羊は強く、かつ、肥えるようになります。さわやかな水もあって、羊は自分が欲するときそれによって元気になり、爽快になります。こうして羊はそこに快感と喜びをもつのです。

三八　それゆえダビデもここで、神がダビデにまさしくこのこと、つまり神の言葉と住まい、および正しい礼拝が見いだされる場所と民の間にいることが許されるということ、これよりも大きな恩恵と祝福を地上では決して提示されなかった、と言うでしょう。なぜならこのような宝があるところでは、霊的統治と現世的統治の両方が繁栄するでしょうから。彼は恰もこう言いたかったことでしょう、「地上におけるすべての民と王国はみな空しい。それらの民と王国はわたしたちユダヤ人よりもきっと豊かで、強力であり、崇高であるし、またそれをとても自慢している。それに加えて彼らは自分らの知恵と聖性を称賛している。というのも彼らは自分たちが奉仕する神々をもっているからである。しかし彼らはその豪華と壮観をもってしても単なる砂漠や荒れ地に過ぎない。なぜならそこには羊飼いがいないし、牧草もないからです。それゆえ羊たちは迷ってしまい、やつれ果てて、死滅するにちがいありません。わたしたちは多くの荒れ野に囲まれてはいてもここに坐り憩っており、楽園と心地よい緑の野原にいて安心し、楽しいです。なぜなら草と新鮮な水がいっぱいあり、わたしたちの羊飼いが共におられ、彼はわたしたちを養い、水を飲ませ、守ってくださいますから。ですからわたしたちに欠けるものはないのです」。

三九　その方は霊的な眼をもち、何が地上では最善にしてもっとも高貴なものであるかをはっきりと見ておられました。彼はご自分の王としての壮観と権力を誇っておりません。そのような所有物は神の賜物であることを彼はよく知っておられます。彼はそうしたものから遠ざからないで、そのままにしておきますが、神の栄光のためにそれらを用い、そのことのゆえに神に感謝します。それよりも彼は神がその羊飼いであり、その牧草地に導き保護してくださることを、つまり彼が神の言葉をもっていることを、何よりも優って誇るのです。この恩恵を彼は決して忘れることができないで、とても格調高く、かつ、大いなる喜びをもって語り、地上のすべての財宝に優って称賛します。そしてこのことを他の多くの詩編でも行っています。詩編一一九・七二で彼は言います、「あなたの口から出る言葉はわたしにとって幾千の金銀に優る恵みです」と。一二七節と一〇三節〔一九・一一〕では「それは金と多くの純金に優って高価です。それは蜜よりも、蜂の巣のしたたりよりも甘い」と。

四〇　わたしたちもこの技術を学ぶべきです。すなわち現世には少なくとも偉大な富と名誉と権力を誇らせるようにすべきです。なぜなら、こういうものは、確かに神が人々に奪い合わせるように投げ出す、軽はずみにして、不確かな、消えゆく物品なのですから。それは神にとってはならず者――

この者はそれに報いて神を冒瀆し、辱める——に与える無価値な物件であって、たとえば王国・侯爵領・その他の名誉・地上の財産なのです。そのようなものは神にとって滓《かす》や殻であって、これでもって神は屠殺しようとする豚の腹を満たすのです（ルカ一五・一六を参照）。しかし神の子どもたちには、ダビデがここで語っているように、真正な宝を授けてくださいます。

四一　それゆえわたしたちは愛する子どもや神の相続人としてわたしたちの知恵や力また富を誇らないで、高価な真珠である愛する御言葉を所有しており、それによってわたしたちは神、愛する父、神が遣わしたイエス・キリストを認識しなければなりません（ヨハ一七・三を参照）。これがわたしたちの確実であり永遠なる、宝であり相続財産であって、あらゆる世界の財産よりも良いものなのです。今この宝をもつ者は、他人には金を集めさせ、贅沢三昧に暮らさせ、傲慢にさせ、横柄に振る舞わせます。しかし彼はもうすでに世界から軽蔑され、貧しくても、神の言い表せない賜物に感謝し、神がその傍らにいてくださるように願います。ですからわたしたちがこの地上でいかに富んでいるか、どんなに素晴らしいかは問題ではありません。わたしたちはこの宝をもち続けます。そうすればわたしたちはとても豊かであり、十分に顕彰されています。聖パウロは地上では無価値で悲惨な人でしたし、悪魔とこの世は彼をもっともひどく責め立てました。彼は神にとってはかけがえのない価値ある人でした。また彼はとても貧乏でしたので、手仕事をして自分を養わねばなりませんでした。だが、それにもかかわらず、そのような貧困の中にあってローマの皇帝よりも彼は富んでおり、キリストの認識の他には宝をもっておりませんでした。フィリピの信徒への手紙三・八で彼は「他の一切（地上の何ものも除外しないで）を損失や汚物と見ています」と言います。

四二　願わくは愛する神がわたしたちに恩恵を授けてくださり、わたしたちもダビデ、パウロ、その他の聖徒と共に、まさしくこの同じ人たちがもっている、わたしたちの宝を偉大なものとして尊重し、地上にあるすべての財に優るものとして高め、神が他の何千のものよりも、それでもって栄誉を授けてくださったことに心から感謝しますように。この宝を知らないトルコ人、タタール人、ユダヤ人、その他の偶像崇拝者たちと同様にわたしたちを誤謬にさ迷わせたかもしれません。あるいはこのわたしたちの宝を誹謗し、断罪する教皇主義者たちのように頑なに留まるようにさせたかもしれません。しかし神がわたしたちを緑の牧場に置いて、良い牧草地とさわやかな水でもってとても豊かに配慮してくださったことは専ら恩恵によるのです。ですからわたしたちはそれだけいっそう神に感謝すべきです。

四三　預言者は神の民もしくは聖なるキリスト教会を「緑の牧場」と呼びます。なぜならそれが神の遊歩庭園であって、あらゆる種類の霊的な賜物によって飾られ、美しく装われているからです。しかし牧草やその中の草は神の言葉であって、この言葉によって良心は強められ元気づけられます。わたしたちの主なる神はこの緑の牧場にその小羊たちを集め、高価な草で彼らを養い、「さわやかな水でもって元気づけられるのです」。彼は聖なるキリスト教会に羊飼いの職務を命じ、信頼して聖なる福音とサクラメントを授けて、これによってその小羊を養い、見守り、教え・慰め・力・あらゆる悪に対する保護が彼らに豊かに支給されるようになさいました。ところがモーセの律法とか人間の造った戒めを説教する者たちは、緑の牧場で羊たちを養わず、そこで羊たちがやつれ果てる、荒れ地に導き、腐った悪臭を発する水辺に羊たちを連れて行きます。その水でもって羊たちは健康を損ない、死んでしまいます。

四四　だが、緑の牧場という比喩によって預言者は信仰者のもとで聖なる福音とキリスト認識が満ちあふれるほど豊かであり、優れた富であることを示そうとします。緑の牧場の青草がとても濃密でふくよかであるように、信仰者たちも神の言葉を豊かにもっているのみならず、それを使用し、付き合うのに応じて、神の言葉は増大し、彼らの間で成長します。それゆえに詩編作者は諸々の言葉をもとても素晴らしく解明します。「神はわたしを一度、あるいはしばしば、緑の牧場に導いた」とは言わないで、「彼はわたしを絶えず牧養し、青草と牧場のまっただ中にわたしを横たえさせ、憩い、住むことができ、一度も飢えを覚えることなく、その他の欠乏で苦しめなかった」と語ります。なぜなら彼がここで使っている言葉は「横たわる」と「憩う」であって、それは四つ足の動物が横たわり、憩っているようです。同様にソロモンも詩編七二・一六で語っています。そのところで彼はキリストの御国と福音が力をもって行き渡り、あらゆるところに到来することになり、それが「この地では山々の上にまで穀類が波打ち、町には地の青草のように繁ります」と預言しています。ダビデも「わたしの魂を生き返らせてくださる」また「あなたの鞭と杖がわたしを慰める」と後に語ったとき、この詩編で福音について語っていることを示しています。

四五　こうして今や次のことが愛する御言葉の最初の成果なのです。すなわち、キリスト教徒は信仰と希望のうちに成長し、その行為と存在のすべてを神に委ねることを学び、魂と身体にとって必要なすべてのものを神から期待するということなのです。

そしてさわやかな水辺にわたしを伴ってくださる。

四六　これが愛する御言葉の第二の成果なのです。信仰者たちが信仰によって満ちたり強化されるのは、牧場と青草だけではなく、心地よく冷たくさわやかな水であって、彼らはこれによって爽快さと慰めとを受け取ります。それゆえ詩編作者は「主はわたしを緑の牧場で養い」と語っただけでなく、それに加えて「さわやかな水辺にわたしを伴ってくださる」と言うのです。それは恰も次のように言いたかったのでしょう、「太陽があなたを激しく撃つ（詩一二一・六）ひどい熱に曝されて、それを避ける影もなかったとき、彼はわたしをさわやかな水辺に導き、水を飲ませ、わたしを元気にしてくれます」と。それはつまり霊的にして身体的な、あらゆる種類の艱難、不安、困窮に陥って、わたしがどこにも助けと慰めを見いださないとき、わたしは恩恵の御言葉に寄りすがりますということです。そこでのみ、かつ、その他のどこにでもなく、正しい慰めと元気の回復を見いだし、またそのことを豊かに経験します。彼がここでそのような慰めについて婉曲な言葉を使って語っていることを、他の〔詩編の〕箇所では飾りのない明瞭な言葉でもって「あなたの言葉がわたしの慰めでなかったとしたら、わたしはこの悲しみで滅びていたでしょう。わたしはそのことを決して忘れません。なぜなら、あなたはそれ〔言葉〕でもってわたしを回復してくださったからです」（詩一一九・九二―三）と表現しています。

四七　しかし彼はそれでもいつも羊飼いと羊の比喩に固執しています。しかもそのことはすべての預言者に共通しています。というのもユダヤ人たちは羊やその他の動物からその最上の栄養を得ており、またダビデ自身や愛する族長たちが羊飼いであったように、総じて羊飼いたちはそのようでしたから。それゆえこの比喩は聖書でも引用されています。だがダビデはこのような事柄をその地域の流儀にもとづいて語ります。なぜなら彼が称賛する国は暑く、干からび、砂地であって、大抵は荒れ野にして水は少ししかありませんでしたから。ですから創世記は一度ならず異教徒の羊飼いらが族長の羊飼いたちと水をめぐって言い争ったことを報告しています（創二一・二五、二六・一九―二二を参照）。ですから彼らがその動物のために水を獲得できたとき、そのような地域ではとても貴重な宝だと思われたのです。わたしたちの国々ではこのことは知られていません。というのも至るところに水が十分にあるからです。ダビデはその地にあって、彼を緑の牧場で養うのみならず、また暑い季節にさわやかな水辺に伴いたもう主の保護のうちにあることは格別な恵みであると考えたのでした。

四八　要約すると彼が言いたいのは、神の言葉がないと、神と真理の認識および正しい信仰に到達することができないように、神の言葉がないと、良心の慰めと平和を見いだすことができない、ということです。この世もその慰めと平和をもっていますが、それが続くのはほんの一瞬に過ぎません。不安や困窮、またとくに最後の時がやってくると、ソロモンが箴言一四・一三で言っているように「笑いのあとに悲しみが来たり、喜びのあとに悲嘆が来る」のです。しかしこのさわやかな活ける水を飲む人はこの世にあって艱難と災難に苦しんでも、それでも彼らには正しい慰めに欠けることは決してありません。とりわけ危機の瞬間が到来すると、心機一転して「短い泣きの後に永遠の笑いが、少しの苦難の後に素晴らしい歓喜が来たる」（Ⅱコリ四・一七）と言われるようになります。というのも彼らはここやそこらで同時に泣いたり悲しんだりすべきではなく、キリストが「今泣いている人たちは幸いである、あなたがたは笑うようになる」（ルカ六・二一）と言うようになるからです。

第三節

わたしの魂を生き返らせてくださる。
その御名にふさわしくわたしを正しい道に導いてくださいます。

四九　ここで預言者自身がどのような牧場とさわやかな水辺について語ったのかを、つまり魂がそれによって強化され、元気を回復するものについて語ったかを説明しています。それは神の言葉しかあり得ません。しかし、わたしたちの主なる神は、律法と福音という二様の言葉をもっているので、預言者は「わたしの魂を生き返らせてくださる」と語っているがゆえに、彼はここで律法ではなく福音を語っていることを十分に理解できるようにしています。律法は魂を回復することができません。というのは律法は、わたしたちが心を尽くして神を愛し、わたしたちの隣人をわたしたち自身のように愛するように、わたしたちから要求し、命令するからです。そのように行わない人を律法は断罪し、次のような判決を言い渡します。「この律法の書に書かれていることをすべて行わない人は呪われるように」（申二七・二六、ガラ三・一〇）と。だが、誰も地上でそのようなことを行わないことは今や確かです。ですから律法はそのような判決を携えてその時が来ると到来し、魂をただ悲しませ、戦慄させます。それを脱却する方策が与えられないと、律法は魂が絶望し、永遠に断罪されねばならないように導くのです。したがってパウロは「律法によって罪の認識が生じる」（ロマ三・二〇）と語り、

「律法は怒りだけを招く」（同四・一五）と言います。

五〇　しかしながら福音は祝福された言葉であって、わたしたちから何も要求せず、すべて善いことを、つまり神はわたしたち貧しい罪人にその独り子を与え、わたしたちの羊飼いであるということを告知します。つまり、この羊飼いは、やつれ果てて散らされた羊であるわたしたちを再び求め、わたしたちを罪・永遠の死・悪魔の力から贖うために、わたしたちのためにその命を捨てたのです。これこそ緑の草であり、さわやかな水であって、これによって主はわたしたちの魂を元気づけてくださいます。こうしてわたしたちは、やましい良心と重苦しい憂慮から脱するのです。このことについて第四節ではさらに述べられます。

彼はわたしを正しい道に導いてくださいます。

五一　その際に詩編作者は、わたしの誠実な牧者である主が、緑の牧場でわたしを養い、さわやかな水辺に導き、こうしてわたしを生き返らせるだけではなく、わたしが脇道に逸れ、誤謬に迷い込んで、死んでしまわないように、「彼はわたしを正しい道に導いてくださる」と語ります。それはつまり彼が純粋な教えのもとにわたしを保って、間違った精神の持ち主によって惑わされず、その他の試練や躓きによって純粋な教えから転落しないためです。同様にそれはどのように外見的に振る舞い、かつ、生活すべきかということ、また偽善者の聖性と厳格な生活によって誘惑されないことを、わたしが学ぶためなのです。さらにまた何が正しい教え、信仰、礼拝であるかをわたしが知るためなのです。

五二　このことは再び愛する御言葉の素晴らしい実りと力なのです。御言葉に堅く寄りすがる人たちは魂の力と慰めをそれによって受領するだけでなく、正しくない教えや間違った聖性から護られているのです。多くの人たちはこの宝をうまく受け継いでいますが、それを保持することができません。なぜなら、ある人がうぬぼれて不遜になるや否や、また自分はそのことをよく知っている〔から安全だ〕と考えるや否や、そのこと〔宝を保つことができないこと〕が彼に起こりますから。彼は辺りを見回す前に、誘惑されてしまいます。というのも悪魔は聖性をも装い、聖パウロが言っているように（Ⅱコリ一一・一四を参照）、光の天使を装うことができるからです。ですから彼の奉仕者も義の説教者と自称し、羊の衣をまとってキリスト教徒の群れに入り込みますが、内心では食い殺す狼なのです。それゆえここでは詩編作者が終わりの節で行っているように、わたしたちを羊飼いがわたしたちに授けた宝によって養い育てるように警戒し、かつ、祈ることが必要です。そうしない人たちはこの宝を失い、そしてキリストが語っているように（ルカ一一・二六を参照）、その終わりは前にあったよりも悪くなります。なぜなら彼らはその後キリスト教世界のもっとも有害な敵となり、その間違った教えによって、暴君がその刀で行うよりも、いっそう多くの損害を与えるからです。聖パウロはこのことを間違った使徒たちのもとでよく経験しました。彼らは一時的にコリントやガラテヤの信徒たちを誤らせ、その後には全アジアの教会を引き裂きました（Ⅱテモ一・一五を参照）。わたしたちはそれを今日でも再洗礼派や分離派において見ています。

その御名にふさわしく

五三　「神の名前」というのは神についての説教であって、それによって神が恵み深く、憐れみ深く、忍耐強く、真実であり、忠実であると称賛され、認識されます。神はわたしたちが怒りの子どもであり、永遠の死罪に値していても、わたしたちのすべての罪を赦し、彼の子どもや相続人として受け入れてくださいます。これが彼の御名です。その名前は御言葉を通して大声で知らされます。こうして神は認識され、称賛され、敬われます。またどのように第一戒にしたがって彼が宣べ伝えられるべきかを、どのように神が間断なく行っているかを、まさにわたしたちに示そうとなさいます。神はわたしたちを霊的に強め、わたしたちの魂を元気づけ、誤りに陥らないように予防してくださいます。また身体的にわたしたちを養い、あらゆる不幸から守ってくださいます。

五四　今まさに語られた人間であるという名誉は神の言葉に寄りすがる人たちにのみ与えられます。この人たちは彼らの所有する霊的で身体的なすべての賜物と善いものすべてを純粋な恩恵と好意から受領します、つまり彼らのわざや功績のゆえではなく、ただ神の御名のゆえに、受領します。このことを彼らは神に感謝し、そのことを他の人たちにも公式に宣言します。異端者や分離派あるいは御言葉の敵どもや冒瀆者たちのような傲慢な聖人どもは、誰も神にそのような栄誉を与えることができません。なぜなら彼らは神の名前ではなく自分らの名前を誇っていますから。

第四節

またわたしが暗い谷をさ迷っていたときにも、禍を恐れません。
あなたがわたしの傍らにおられ、あなたの鞭と杖がわたしを慰めるからです。

五五　これまで預言者は神の言葉を所有し愛している人たちには主が彼らの羊飼いであるがゆえに、何も欠けることはないと告知してきました。この羊飼いは彼らを緑の牧場で養うばかりか、彼らをさわやかな水辺に導きました。それは彼らが好ましく肥え、強くなり、霊的にも身体的にも元気を回復するばかりか、彼らが良い牧場やさわやかな水に飽き飽きして、緑の牧場を捨て去り、再び正しい道から荒れ野に迷い込まないように予防するためです。これがこの詩編の第一部です。さて詩編作者はそれに続けて、いかにこの羊飼いの小羊らが多くの危険と不幸とに取り巻かれているかを教えます。しかし、主が彼らを守るのみならず、あらゆる試練と艱難から彼らを救い出すと、彼は言います。というのは主が彼らのところにいてくださるからです。だが、主がどのように彼らのところにいてくださるか彼はまた見事に告げ知らせます。

五六　ここであなたは、御言葉が説教され、それを受容し告白する人々が出てくるや否や、悪魔がその天使らと共にすばやく現れ、全力を尽くして世界が御言葉に反抗するようにさせ、世界が御言葉を消し、御言葉を所有しそれを告白する人たちを全く根絶するようにさせるのを見るでしょう。わたしたちの主が語るか行うことは、徹底して掃き清められ〔遵守され〕、〔試練の〕火を通して実行されなければなりません。このようなことをキリスト教徒たちが知っておくのはとても重要です。さもないと彼らは誤ってしまうかもしれませんし、どのように辻褄を合わせるか考えてしまうでしょう。預言者は先に「主はわたしの飼い主であって、わたしには欠けることがない」と語っていました。それなのに彼はここで「その人は暗い谷をさ迷わねばならない」と全く反対のことを言います。また続く節では彼は「敵」をもっていると告白します。これによって彼は多くをもっているが、それでもほとんどすべてを欠いていることを十分に理解させています。なぜなら敵をもち、暗い谷をさ迷う人は、光を見ないからです。つまり彼は慰めも希望ももたず、すべての人に見捨てられ、その目の前はすべてどす黒く、真っ暗であって、美しく明るい太陽もそうなのです。それでは、どうして彼には何も欠けていないということが本当なのでしょうか。

五七　あなたはここで、この世が行っているように、目に頼ったり理性にしたがったりしてはなりません。この世にはキリスト教徒たちのこのように豊かな素晴らしい慰めを洞察すること、つまり彼らには欠けるものが何もないことを洞察することができません。そうです、この世はその反対が真実であること、つまり、この同一のキリスト教徒たちに優って貧しく、悲惨で、不幸な人々は地上にはいないことが真実であるとみなしています。この世はキリスト教徒たちが全く身の毛のよだつ仕方で迫害され、追放され、追い払われ、罵られ、絞殺されることで、とても忠実に彼らを助けており、かつ、慰めているのです。また彼らはそのようなことを行うときに、それによって神に奉仕していると考えています（ヨハ一六・二を参照）。それゆえ外面的に見るとキリスト教徒たちは神に見捨てられ、すでに狼の復讐に引き渡され、全くすべてを欠いている、粉砕された羊たちのように見えます。

五八　他方また偉大なる神マモン〔財神〕もしくは口腹《こうふく》〔飲食〕に奉仕する人たちは愛する小羊であるとの名声を世の中で得ています。詩編が言うように、神はこういう人たちを何も欠けることがなく、豊かに世話をし、慰め、あらゆる危険と不幸から守っています。というのも彼らはその心が欲求するもの、栄誉、財宝、歓喜、娯楽、万人の愛顧を得ているからです。また彼らは信仰のゆえに迫害され殺される恐れを懐くことがありません。なぜなら彼らが唯一の正しい羊飼いであるキリストをただ信じもしないし、告白もしないなら、彼らは当然のことに悪魔やその母を信じているからです(1)。その他には彼らが欲しているように貪欲をも信じるでしょう。こうして彼らは繁盛するばかりか、古い信仰を堅持する生きている聖人と思われるでしょう。また彼らはダビデがここで教えている「主だけが羊飼いである」という異端にも迷わされないでしょう。この羊飼いを信じ、地上にはそのようなことはかつてなかったと告白することは、真に恐るべき、大きな死罪なのです。もしそうでなければ、すべての罪を免除し、赦しもする教皇猊下も、この罪の場合には赦すことはできないでしょう。

五九　ですからわたしはこの点でこの世にしたがい、その理性にしたがってはならないと主張します。理性は外的な見かけによって判断するので、愚かとなり、預言者たちを「わたしには欠けるものがない」と語ったことで、虚言者とみなします。しかしながら、あなたは、先に〔本書三一項（一六三―四頁）で〕言われたように、神の言葉と約束に寄りすがり、あなたの羊飼いがどのように、また何をあなたに語るかに傾聴し、目が見、心が判断することにしたがってではなく、その声にしたがって判断しなさい。そうすればあなたは勝利を獲得していたのです。

六〇　このように預言者は自分に言っています。彼は暗い谷をさ迷っていることを、つまり（人がその生活史と他の詩編からも洞察するように）苦難・悲哀・不安・困窮に取り囲まれていると告白します。同じく、彼が欺かれ敵をもっている事実によって彼が慰めを必要としていることは十分わかります。それでも彼は言います、「わたしに試練が増し加わり、それがいっそう大きくなっても、また、わたしの運命がもっとひどく押し寄せても、もう死が襲う窮地に立たされていても、それでもわたしは不幸を恐れません。わたしは自分の配慮・苦心・営為・援助によってわたし自身を助けることはできません。またわたしは自分の知恵・敬虔・王のような権力・富に信頼することはできません。というのもここではあらゆる人間の努力・忠告・慰め・力は余りにも小さいからです。だがそれを行うのは主がわたしの傍らにおられるということだけです」と。彼は恰も次のように言うかのようです。「わたしに関する限り、わたしは本当に弱く、悲しく、不安です。またさまざまな危険と不幸に囲まれています。わたしの心と良心はわたしの罪のために穏やかではありません。わたしは死と地獄の恐ろしい驚愕を感得しているので、危うく絶望しそうなのです。しかし全世界と地獄の門がわたしに反対して立ち上がっても、わたしはそれゆえに絶望しません。そうです、わたしは、自分に襲ってくることができる、あらゆる不幸と苦難を恐れません。なぜなら主が〈わたしの傍らにおられるから〉です。わたしは主張します、〈主はわたしの助言者・慰め主・保護者・助け主です。主は天と地、またその中のすべてのものを塵よりももっと価値がないものから、つまり無から創造したもうた。この主にすべての被造物・天使・悪魔・人間・罪・死は服従しています。要約すると、彼はすべてをその手中に収めています。それゆえ、わたしはどんな不幸をも恐れません〉」と。

六一　同様に〔詩編作者の〕アサフも詩編第七三編で語っています。神を認めない者どもが地上で栄えているのに愛する神にも聖徒らがいつも苦しめられているという、大きな躓きに反対してキリスト教徒を慰め、二五―二六節で「主よ、わたしがあなただけをもっていますなら、天や地について何も尋ねたりしません。身体と魂がわたしにとって直ぐに弱って死んでも、それでも、神よ、あなたはいつもわたしの心の慰め、わたしに与えられた分け前です」と言います。

あなたの鞭と杖がわたしを慰めます。

六二　彼は「主がわたしの傍らにおられる」と言います。それでもわたしが主を見たり聞いたりできるように身体的に傍らにおられるのではないのです。わたしが言うこのような身体的現臨は五官でもって捉えるのではなく、信仰だけがその現臨を把握するのです。信仰によって主は、わたしたちが自分自身に近いよりも、もっと近くにおられることが確かなのです。どうしてなのですか。御言葉によってなのです。ですから彼は「あなたの鞭と杖がわたしを慰めます」と語ります。それは彼が次のように言いたいからなのです。「わたしのすべての不安と困窮の中にあって、わたしは地上ではわたしを満足させるほどに助けてくれるものを何も見いだしません。ただ神の言葉だけがそのような場合わたしの鞭と杖なのです。わたしはそれに寄りすがり、再び自分を立て直します。そして主がそれによってわたしの傍らにおられることを確実に経験します。また神が同じ御言葉でもってわたしをあらゆる苦難と試練の中で強くし、慰めるだけでなく、悪魔と現世の意志に逆らってわたしのすべての敵から救い出してくださいます」と。

六三　「あなたの鞭と杖がわたしを慰めます」という言葉をもって彼は羊飼いと羊たちの比喩に立ち帰り、次のように語ろうとします。「身体を世話する羊飼いがその鞭と杖でもってその羊たちを治め、牧場とさわやかな水辺に、飲んだり食べたりできるように、羊たちを導き、杖でもって彼らをすべての危険から守るのと同じく、正しい羊飼いである主はわたしをその杖でもって、つまり御言葉でもって統治してくださいます。そこでわたしは鋭敏な信仰と喜ばしい良心でもって御前に歩み、正しい軌道に留まり、正しくない教えと間違った聖性に反対して自分を守ることを心得ています。それに加えて彼はわたしをあらゆる危険と不幸から、霊的にも身体的にも、保護し、わたしのすべての敵からその杖をもって救い出してくださいます。つまり同じ御言葉でもってわたしを強くし、わたしを十分に慰めてくださいますので、どんな不幸も、霊的であれ身体的であれ、わたしが我慢し克服できないほど大きくありません」と。

六四　そのときあなたは、預言者〔詩編作者〕がここで人間的な助け、庇護、慰めを語っていないことを理解します。彼は刀を引き抜こうとするのではないのです。ここでは万事が御言葉を通して隠され秘かに進行するので、信仰者でないなら誰も保護や慰めに気がつきません。またダビデはここですべてのキリスト教徒にとっての一つの共通する規則をよく憶えておくように命じます。その規則とは、心にかかるすべての心配事を神にほうり投げ、その恩恵の言葉のもとで神を捉え、そこに堅く留まり、決して御言葉が奪い取られないようにする以外には、あらゆる試練から脱するどんな手段も提言も地上にはないということです。そのように実行する人は、栄えようと失敗しようと、生きようと死のうと、満足することができます。そして彼は遂には持ち堪《こた》えることができ、あらゆる悪魔・現世・不幸に逆らって成功するはずです。そうです、わたしが思うに、こういうことが愛する御言葉を大いに称賛し、あらゆる天使や人間の力に遥かに勝る力をそれに授けることなのです。そのように使徒パウロもローマの信徒への手紙一・一六でそれを称賛しています。彼は言います、「福音は信じるものすべてに救いをもたらす神の力である」と。

六五　また預言者は説教の任務にも触れています。というのも御言葉を言葉でもって説教することによって耳に入り、それを心が信仰によって把握し、また聖なるサクラメントを通してわたしたちの主がこれらすべてをキリスト教世界に実現なさるからです。つまり主は人々を信仰に導き、信仰を強化し、正しい教えに留まるようにしてくださいます。さらにまた、人々を遂にあらゆる悪魔と現世の試練に対決して存続できるようにしてくださいます。この手段、つまり御言葉とサクラメントなしにはわたしたちはこれらの何ものも実現できません。なぜなら神は世の初めからその御言葉によってすべての聖徒と関わりたまい、それに加えて恩恵の外的な徴〔つまりサクラメント〕を彼らに授けたもうたからです。このようにわたしが言うのは、誰もこれらの手段なしに神とあえて関わることがないためであり、天に向かう特別な道を自分に造らないためです。それは、もしそうしないと、教皇がその信者たちに行ってきたし、今も行っているように、また今日でも再洗礼派や分離派が行っているように、転倒して首の骨を折らないためです。

六六　また預言者は「あなたの鞭と杖がわたしを慰めます」という言葉でもって何か特別なことを示そうとしています。彼はこう言いたいのでしょう。モーセもまた羊飼いで鞭と杖をもっています。それを使って彼はその羊たちを駆り立て、苦しめ、担いきれない重荷でもって悩ませることしかしません（使一五・一〇、イザ九・四〔三〕を参照）。それゆえモーセは恐ろしい、身の毛のよだつ羊飼いであって、羊をただ戦慄させ、彼から逃亡させるだけです。しかし、主よ、あなたはその鞭と杖でもってあなたの羊を駆り立て恐れさせたり、重荷を負わせたりしないで、彼らを慰めてくださいます。

六七　それゆえに詩編作者はここで新約聖書における説教の任務について語っています。新約聖書は「キリストが罪人を救うためにこの世に来た」と宣言し、彼がその命を彼らのために捨てたことによって罪人たちの救いを獲得したと告知します。このことを信じるものはすべて見捨てられることなく、永遠の生命を獲ています（ヨハ三・一六、六・四〇）。これが鞭と杖であって、これによって魂は救いと慰めまた喜びを受け取るのです。それゆえに人は霊的な牧羊場にて、つまりキリストの御国にて、（わたしたちは山羊にはモーセや皇帝の鞭と杖で制御すべきですが）キリストの小羊らに神の律法を、ましてや人間の戒めではなく、福音を説教しなければなりません。この福音を詩編作者は婉曲な言葉を使って慰めの鞭や慰めの杖と呼んでいます。これによってキリストの小羊らは信仰の力を、心の救いを、あらゆる不安と死の危険における慰めを受領するのです。

六八　このように説教する人たちは、霊的な羊飼いとしての任務を正しく推し進めており、緑の牧草地でキリストの羊を養い、さわやかな水辺に導き、その魂を元気にし、彼らが誘惑されないように守り、キリストの鞭と杖でもって彼らを慰めます。そして人々がそのような声を聞くとき、キリストご自身の声を聞いていると確信すべきです。人々はそのような説教者たちが正しい羊飼い、つまりキリストに奉仕する者また神の家の管理者であると考えるべきです〔Iコリ四・一を参照〕。そしてこの世が彼らを異端者や誘惑者と大声で叫び、断罪しても、それを全く無視すべきです。他方また、福音以外のものを説教する人たち、人々をわざ・功績・自分で考案した聖性に導く人たちが、自分自身を使徒たちの継承者として一〇倍も誇っても、キリスト教会の名前と称号でもって美しく装うとも、また死者を甦らせても、無視すべきです。彼らは、霊的にだけでなく身体的にも、キリストの群れを容赦しないで、追い散らし、責めさいなみ、絞め殺す、忌まわしい狼であり、人殺しです。そのような人たちをわたしたちは今や目前に見ています。

六九　先に預言者は神の言葉や福音を草・水・正しい道・鞭・杖と呼んでいたように、この後第五節で彼は備えられた食卓・油・溢れるほどの杯と呼んでいます。また彼はそのような比喩の食卓・油・杯を旧約聖書、ユダヤ人の礼拝から取り出してきて、前に彼が言ったこととまさに同じことを主張します。つまり神の言葉をもっている人たちは魂と身体のあらゆる点で豊かに支給されます。ただし彼はここでそのような祝福を他の形姿や象徴でもって示します。まず初めに彼は食卓の比喩を導入しますが、そこにはいつも〔種なしの〕供えのパンが備えられていました〔出二五・三〇、四〇・二三〕そして彼はそれがどのような意味をもっているかを示して、次のように言います。

（1）「悪魔とその母」という表現は分かりにくいが、この世を悪魔の花嫁として見る習慣的なメタファー（隠喩）の変種と思われる。

第五節

あなたはわたしの敵に逆らってわたしの前に食卓を備えてくださいます。
あなたはわたしの頭に香油を注ぎ、お酒をついでくださいます。

七〇　彼はここで自分には敵がいると率直に告白します。しかし彼は敵からその身を守って、主が彼の同じ敵に対決して彼の前に食卓を備えてくださるという仕方で彼らに反撃すると語ります。それは一風変わった守護者ではないですか。わたしは彼がきっとその人の前に強固な塀、強い壁、深い堀、甲冑やその他の戦いに使う武具と武器を備えてくださると考えておりました。これでもってその人はその敵に対して恐らく安全であろうし、敵を逃走させることができるからです。だが彼はその人の前に彼が食べたり飲んだりする食卓を備え、こういう仕方で敵を打ち倒すというのです。どのような危険も心配も苦労も労働もなく、また食卓に坐って、食べたり、飲んだり、楽しむだけでもって、敵どもを打ち倒すことができるのなら、わたしも戦争をしてみたい。

七一　預言者はこの言葉「あなたはわたしの敵に逆らってわたしの前に食卓を備えてくださいます」でもって愛する御言葉がもっている偉大にして崇高な素晴らしい力を告知します。彼は次のように語っているようです。すなわち「おお主よ、あなたがわたしにそのように良いものを提供し、あなたがわたしに備えてくださった食卓でそんなにも素晴らしく、豊かにわたしを養ってくださいます。つまりあなたはわたしにあなたの愛する御言葉の無尽蔵に豊かな認識をふり注いでくださいます。ですからわたしは、心のなかでわたしのやましい良心・罪・死に対する恐れと戦慄・神の怒りと審判に逆らって豊かな慰めを御言葉によってもっているばかりか、わたしは外に向かって勇敢で無敵な英雄ですから、わたしの敵たちはすべてわたしに対して何も遂行することができません。彼らがわたしにどんなに怒り、向こう見ずに、かつ、愚かに逆らえば逆らうほど、わたしは益々それに悩まされません。そうです、わたしはかえっていっそう確信し、喜んでおり、上機嫌なのです。それはわたしが御言葉をもっているという理由からのみ起こっています。御言葉はわたしのすべての敵に対決してわたしにそのような力と慰めを与えて下さいますので、敵どもがもっとも激しく荒れ狂い、猛り狂っても、わたしは食卓についており、そこで心が願望するすべて、つまり食物・飲み物・喜び・快楽・弦楽器の演奏等々をもっているときよりも、もっと気楽なのです」と。

七二　しかし、あなたは、ここで、聖なるダビデが愛する御言葉をいかに高く引き上げ、信仰者たちが御言葉によって悪魔・現世・肉・罪・良心・死に打ち勝ち、かつ、勝利したかを告げることで、称賛していることをきっとお聞きになるでしょう。というのも人が御言葉を所有し、信仰によって堅くそれに寄りすがるならば、これらの他の敵どもは（さもなければ克服しがたいのですが）すべてしり込みし、虜となるでしょうから。またそれはなお信仰者の側での驚嘆すべき勝利と力であって、それに加えて真に誇らしく思い上がった高慢であるため、信仰者はこれらすべての忌まわしい、またそれゆえに絶大な力をもった敵を片づけ、かつ、勝利するのです。それも暴れたり、かみ付いたり、反抗したり、殴ったり、復讐したり、あちらこちらに忠告や助けを求めたりしないで、食べたり、飲んだり、快適に過ごしたり、坐ったり、楽しんだり、休んだりして勝利します。これらすべては、すでに言いましたように、御言葉によって起こります。というのも「食べたり、飲んだりする」ことは聖書では信じて御言葉に堅く寄りすがることを意味するからです。なぜならそこから平和、歓喜、慰め、力などが起こってくるからです。

七三　理性はその信仰者の素晴らしい勝利をめざすことができません。なぜならここではすべてが不合理的に起こるからです。この世はキリスト教徒を迫害し、地上のもっとも有害な人たちとして絶えず絞殺します。そのようなことを理性が見ると、キリスト教徒たちはそれに屈服してしまい、再び彼らの敵は優勢となり勝利するとしか考えることができません。このようにユダヤ人たちはキリスト、使徒たち、信仰者たちを扱い、処刑してきました。ユダヤ人たちがこの人たちを殺したか、少なくとも追放したとき、「今や勝利を収めた。わたしたちを害した人たちは、もはやわたしたちを困らせはしない。わたしたちは今や好きなようにすべてを行おう」と叫びました。彼らが全く安全だと思ったとき、わたしたちの主なる神はローマ人たちを彼らのところに送り、彼らに身の毛のよだつようにあしらったので、それを聞く人たちを戦慄させた。その後数百年経ってから神は、そのローマ支配の間に何千人もの殉教者を殺したローマ人らにも報復され、都市ローマはゴート族やヴァンダル人らによって短期間に四回も征服され、遂に焼き払われて、取り壊され、帝国を破滅させた。では誰が勝利者であったのか。愛する聖徒たちの血を水のように流したユダヤ人とローマ人でしょうか。あるいは屠り場に引かれる小羊のように処刑された（イザ五三・七を参照）、また愛する御言葉の他に防壁も武器ももっていなかった、哀れなキリスト教徒たちでしょうか。

七四　ダビデはこのような言葉で聖なるキリスト教の教会がどのようにやっていくかを提示します（なぜなら彼はここで自分の役割についてだけ語っていませんから）。彼は教会にその色彩を授け、見事に描きます。教会が神の前に楽しい緑の草地――その上に草とさわやかな水が溢れる――である、つまり神の楽園であって遊歩庭園であることを描きます。また教会は言い表すことができない財宝、聖なるサクラメント、愛する御言葉をもっています。それによって教会はその群れを教育し、教え導き、元気づけ、慰めます。

七五　しかし、教会は現世に対しては全く相違する外観を示すのです。それは真っ暗な「暗い谷」であって、そこには楽しみも喜びも見られることなく、あるのはただ苦難・不安・困窮ばかりです。というのも悪魔がその宝のゆえにあらゆる暴力をもって苦しめるからです。悪魔は内的に毒がある火矢で教会を苦しめ（エフェ六・一六を参照）、外的に分離や躓きでもって教会を分裂させます（ロマ一六・一七を参照)。悪魔はまたその花婿である現世を教会に向けて駆り立て、迫害・誹謗・冒瀆・断罪・死をもって教会にあらゆる難儀と心痛を課すのです。ですから愛するキリスト教世界が直ぐにもそのような悪魔と現世の大きな奸計と暴力でもって全く根絶されてもおかしくありません。なぜなら教会はその敵どもから自分を守ることができないからです。彼ら〔敵ども〕は教会には余りにも強く、ずる賢く、暴力的だからです。預言者がここに描いているように教会は罪のない、単純で、無防備な小羊であって、誰にも何ら悪意を懐かず、善を行うばかりか、返礼として悪を報われるのに何時でも備えております。

七六　それではどうしてキリスト教世界がそのように脆弱なのに悪魔と現世の策略と暴政に耐え抜くことができるのですか。「主はキリスト教世界の羊飼いです」。ですからすべての教徒には何も欠けるものがありません。主は彼らを霊的にも身体的にも養い、かつ、元気づけてくださいます。主は彼らを正しい道に保たれます。彼はまた彼らに鞭と杖を剣として授けます。彼らはその剣を手に取るのではなく、口に入れます。それでもって悲しんでいる人たちを慰めるだけではなく、悪魔とそのすべての使いらがとても狡猾で手厳しいときには、彼らを襲って敗走させます。主はそれに加えて食卓と過ぎ越しの小羊を備えてくださいました。彼らの敵が激しく怒り狂い、歯ぎしりしてかみ付き、向こう見ずになり、荒れ狂って、猛り立つとき、また彼らのすべての奸策・力・勢力の助けを求めるとき、彼らを悉く根絶し、キリストの愛する花嫁がその主の食卓につき、過ぎ越しの小羊を食し、さわやかな水辺から飲み、快活になって、「主はわたしの羊飼い、わたしには欠けるものがない」と歌います。これが彼女〔愛する花嫁〕の武器とライフルであって、これでもって彼女はそのすべての敵を打ち倒し、勝利してきました。こういう方法で彼女は最後の日まで勝利を獲るでしょう。また悪魔と現世が彼女を悩ませ、苦しめるほど、益々彼女はうまくやっていきます。というのも改善や進歩は迫害・苦難・死に遭遇して起こるからです。それゆえに昔の教父たちの一人が「殉教者の血は種である[1]」と語っています。〔その意味は〕一人が処刑されるところには他の百人が甦ってくる〔という〕のです。この素晴らしい勝利についていくつかの詩編が歌っています。たとえば第九編、第一〇編などです。

七七　こういう方法でわたしも神の恩恵によってここ一八年の間過ごしてきました。わたしはいつもわたしの敵を怒らせ、脅し、悪口を言わせ、わたしを断罪させ、休むことなくわたしに反対して協議させ、多くの悪しき策略を考えさせ、さまざまな破廉恥な行為を行使させてきました。どのように彼らがわたしを殺し、わたしの教え、そうです神の教えを根絶させようかと、不安に戦きながら気づかうようにさせたのです。それに加えてわたしは快活で（あるときは他のときよりも）上機嫌であって、彼らの騒ぎや暴威をひどく気にしないで、慰めの杖にすがりついて主の食卓を見つけたのでした。つまり、わたしはわたしたちの主なる神にわたしの為すべきこと――そこへと神はわたしをわたしの意志と計画を一切考慮しないで導き入れたのです――を委ねたのです。またその間にわたしは神に主の祈りや詩編を唱えました。これがわたしの武具甲冑のすべてであって、これによってわたしはこれまでわたしの敵どもから身を守ってきたばかりか、神の恩恵によって多くのことを遂行してきたので、わたしが歩んできた後を振り返って、教皇制ではどのような状態にあるかを考えてみると、事態がこんなにも展開してきたことに心から驚かざるを得ません。今目の前に見ていることの十分の一も見るようになるとは、わたしの心に一度も思い浮かんだりしませんでした。それをはじめられたお方がそのわざを成し遂げてくださいます（フィリ一・六を参照）。たとえそれに加えて九つの地獄と世界とを一緒に積み上げて逆らっても、そうなされます。それゆえ、すべてのキリスト教徒は、悲しい出来事やその他の不幸が襲うとき、そうですすこの鞭と杖を肌身離さず、この食卓への道を見いだす技術を学びなさい。そうすれば、彼に起こってくるすべてに逆らって、確かに力と慰めを彼は受け取ることでしょう。

七八　油という第二の比喩は聖書の中でしばしば考察されています。だがそれは高価な油でして、たとえばバルサム[2]とかその他の芳香の水であったし、祭司や王たちがそれをいつも塗っていました。またユダヤ人たちがお祭りを催したとき、また楽しく過ごしたかったとき、油を塗ったり、イエスが「あなたが断食するとき、頭に油をつけ、顔を洗う」（マタ六・一七）と語って指摘しているように、そのような高価な油を振りかけていました。そのような油の使い方は、人々が快活で、かつ、楽しく過ごそうと願ったときには、彼らの間に習慣となっていました。マグダラのマリアも主イエスの頭に高価なナルドの香水を振り注いだときには、主を快活にしようと欲していたのです。というのも彼女は主が悲しんでいたように思われたからです（マタ二六・七を参照）。

七九　第三の比喩は杯に関するものです。この杯は、人々が感謝の捧げものをなし、主の前で喜ばしくあったとき、礼拝で使われました。「あなたはわたしの頭に香油を注ぎ、お酒をついでくださいます」という言葉でもって預言者は大きく、かつ、豊かな慰めを示そうとしています。この慰めを信仰者たちは御言葉を通してもちますので、あらゆる試練と苦難、また死のさ中にあって、彼らの良心は確実であり、幸福であって、十分に満足しています。預言者は次のように主張したいかのようです。「確かに主は真にわたしを不思議な戦士となし、わたしの敵に対抗して全く素晴らしく備えさせてくださるように思われます。主がきっとわたしに甲冑を身に着けさせ、頭に兜をかぶせ、手には剣をもたせ、わたしが自分の課題に慎重にしてかつ熱心に注意を払い、敵どもによって早まって行動してはならないと欲しておられる、とわたしは考えたのです。そこで彼はわたしを食卓につかせ、わたしに素晴らしい料理を準備し、わたしの頭に高価な香油バルサムを塗り、あるいは（わたしたちの国の風習にしたがって）花冠をかぶらせ、楽しい踊りに出かけていって、わたしの敵を襲ったりさせません。そして、そうですわたしに欠けることがないように、彼はわたしの杯を満たしてくださるので、わたしは早速それを飲んで楽しくなり、上機嫌となり、陶酔することでしょう。そんなわけで準備された食卓とはわたしの甲冑であり、高価なバルサムはわたしの兜です。一杯につがれた杯はわたしの剣です。これをもってわたしはわたしの敵のすべてに打ち勝ちます」。

しかしそれは素晴らしい武装ではないのですか、また、とても素敵な勝利ではないですか。

八〇　ダビデは次のように言おうとするかのようです。「主よ、あなたの食卓についている客人たち、つまり信仰者たちは、そのすべての敵に逆らう強く威勢のよい巨人であるばかりか、快活であり、お酒に酔っています。そうなるのは、金もちの大家がその客人たちにいつも行っているように、あなたが彼らをよく導いたからです。あなたは彼らに食事を与えて見事によく育て、彼らを楽しくかつ快活にさせます。あなたは彼らにとても豊かにお酒をつぐので、彼らは酔ってしまうでしょう」と。これらすべては恩恵の御言葉によって起こっています。というのもわたしたちの羊飼いである主は、信仰者たちの心を御言葉によって扶養し、強めるからです。こうして彼らはその敵のすべてに反抗すべきであって、また預言者と一緒に「いかに多くの民に包囲されても、決して恐れません」（詩三・七）と主張します。そして先に第四節で「わたしは禍を恐れません。あなたがわたしの傍らにおられるからです」等々と彼は言いました。そこで彼はそれと並んで、そうです、彼らに同じ御言葉を通して彼らに聖霊をも授けるのです。この聖霊は彼らを元気づけ、大胆にするばかりか、とても確固となし、快活にするので、彼らはとても欣喜雀躍して〔聖霊に満たされて〕酔うようになります。

八一　このようにダビデは今やここで霊的な強さ、歓喜、酩酊について語ります。それは神の力であり（ロマ一・一六）、聖パウロが呼んでいるように聖霊による歓喜であって（同一四・一七）、また祝福された酩酊なのです。この酩酊では人々は、秩序を乱す蕩児が出てくる、ぶどう酒に酔うのではなく、聖霊に満たされるのです（エフェ五・一八）。またこれは甲冑と武具であって、これでもってわたしたちの主である神は、悪魔と現世に対決して、その信仰者たちを装備するのです。つまり神は御言葉を彼らに授け、元気づけます。つまり聖霊を彼らの心に授けるのです。

八二　このように装備して信仰者たちは、豪胆に、かつ、快活に、彼らのすべての敵どもを捕らえます。その力・知恵・聖性のすべてでもって敵どもを攻撃し、かつ、勝利します。ペンテコステにおける使徒たちはそのように戦う人たちでした（使二・一以下を参照）。彼らはエルサレムに入っていき、皇帝や大祭司らの命令に対抗し、彼らが空しい神々に過ぎず、その他の人たちもみな空しいバッタであるかのように対処しました。ある人たちが嘲笑して、「彼らは甘いぶどう酒に酔っているようだ」（使二・一三）と語っているように、彼らは恰も酩酊したかのように、力と歓喜のすべてを尽くして前進しました。しかし聖ペトロは預言者ヨエルを参照して（ヨエ三・一を参照）、彼らは酒ではなく聖霊に酔っていたと証言しました。そしてその後、ペトロは剣を抜いて立ち向かいました。すなわち彼は口を開き、説教し、一撃でもって三千人もの魂を悪魔から救い出すのです。

八三　またそのような力、歓喜、聖なる酩酊は、信仰者たちが繁栄し平和であるときだけでなく、彼らが苦難に遭い、死ぬときにも示されます。エルサレムの決議が使徒たちを笞刑に処したとき、キリストの名前のゆえに辱めを受けるに値したことをとても喜びました（使五・四一）。またローマの信徒への手紙五・三で聖パウロは「それればかりでなく、苦難をも誇りとします」と語っています。その後多くの殉教者たちは、男の挿絵にも女の挿絵にもあるように、心が楽しげに口で笑い飛ばしながら死に赴いたのでした。彼らは快適な生活や舞踏会に出かけていくかのようでした。わたしたちは一三歳か一四歳の少女であった聖アグネス(3)や聖アガタについても、その他の多くの人たちについても、そのように読みます。この人たちは大胆にかつ悠然として悪魔と現世をもろともにその死をもって克服しただけでなく、大きな歓喜に酔いしれたかのように、心から上機嫌でもありました。人々が悪魔の力と奸計をそれほど確信して侮辱するとき、それは悪魔を大変不機嫌にさせております。わたしたちの時代にも多くの人たちは、キリストを告白したおかげで、喜んで死んでいきました。その他にもわたしたちは、多くの人たちがそのように素晴らしい理解と信仰を懐いてベッドで死に、そしてシメオンと一緒に「わたしを安らかに去らせてくださいます」（ルカ二・二九）と言ったことを聞いています。それをわたしも多く経験したことを喜んでいます。またこれらすべては、預言者が言っているように、彼らが詩編四五・八で「喜びの油」と呼ばれている油で塗油され、主が溢れるばかりに注いだ杯から飲んだから起こったのです。

八四　あなたは「そうです、わたしは喜んで死ぬことができるほど準備ができておりません」と言います。それは問題ではありません。前にも〔本書三五項（一六五―六頁）で〕言いましたように、ダビデはいつもその技術を修得していたわけではありません。そうではなく時折、彼は神の前から追放されるであろうと、よく嘆いておりました。したがって他の聖徒たちも神に対していつも心からの確信と彼らの苦難と試練にあって永遠の満足と忍耐とをもっていたわけでもないのです。それでも聖パウロは時折とても危なげなく、かつ、確実にキリストに信頼していたので、律法・罪・死・悪魔のゆえに立ち上がるように悩まされませんでした。彼はガラテヤの信徒への手紙二・二〇で「生きているのはわたしではありません。キリストがわたしのうちに生きています」と言います。同様に「わたしは死んで、キリストとともにいたい」（フィリ一・二三）とも言います。同じく「誰がキリストの愛からわたしたちを引き離すことができようか。わたしたちすべてのために、その御子をさえ惜しまず、わたしたちすべてのために死に渡された方が、御子と一緒にすべてのものをわたしたちに賜らないはずがありましょうか」（ロマ八・三五、三二節）とも言っています。「艱難、不安、迫害、剣がわたしたちをキリストから引き離すことができようか」（同八・三五）等々とも言います。彼が死・悪魔・あらゆる不幸について語るとき、彼は恰も最強で最大な聖徒であって、彼には死が純粋な喜びの遊戯であるかのように確信しています。しかし他の箇所では地上のもっとも弱く最大の罪人であるかのように語ります。「わたしはあなたがたのところにいたとき衰弱し、恐れに取り憑かれ、ひどく不安でした」（Iコリ二・三）「わたしは肉の人であり、罪に売り渡され、罪の虜となっていました。わたしはなんと惨めな人間なのでしょう。誰がこの死の体から救ってくれるでしょうか」（ロマ七・一四、二三、二四節）。そして彼はガラテヤの信徒への手紙五・一六と一七で、聖徒たちには永遠の戦いがあって、霊と肉とが対立していると教えています。

八五　それゆえあなたは自分が弱く、かつ、小心であっても、直ぐに絶望してはなりません。そうではなく神の言葉に留まり、キリストに対する信仰と認識が増すように熱心に祈りなさい。それこそ預言者がここで行っていることです。また、次のように語って、他の人たちもそうするように教えます。

（1）テルトゥリアヌスの『弁明』五〇節を指しており、それはことわざとなっていた。
（2）バルサムとは芳香のある含油樹脂で、松ヤニの類で香料や塗料に使われた。比喩的に慰め、心身を癒すものを意味した。
（3）聖アグネス（二九二―三〇四）はカトリックの少女殉教者。聖アガタはそれとの関連で言及されている。

第六節

恵みと憐れみは命のあるかぎりわたしのあとに付いて来ます。
わたしは主の家に何時までも留まるでしょう。

八六　悪魔が信仰者たちを、内的には恐怖でもって、外的には誤っている教師と暴君の暴力の策略でもって、苦しめることを決して止めないので、預言者はこの詩編の終わりにこのような宝を彼に与えた神が、終わりまで彼を支えてくださるように祈ります。彼は「願わくは愛する神様が、そうです、恩恵を授けてくださり、恵みと憐れみが命のあるかぎりわたしのあとに付いて来ますように」と言います。そして彼は「恵みと憐れみ」が何であるか直ぐに示します。それはつまり「主の家に何時までも留まる」ことなのです。彼は次のように言いたいかのようです。「主よ、あなたは事柄をはじめられました。あなたはわたしに聖なる御言葉を与えて下さいました。そして、あなたを認識し、称賛し、讃美する、あなたの民の間にわたしを受け入れて下さいました。これからも続けてあなたの恩恵を与えて下さい。それはわたしが御言葉のもとに留まり、あなたの神聖なキリスト教世界から決して切り離されないためです」。このように彼は詩編二七・四でも「一つのことを主に願い、それだけを求めよう。命のあるかぎり主の家に留まり、主の麗しい礼拝を見て、その宮を訪ねたい」と嘆願しています。

八七　このように預言者は、今や、その実例を通してすべての信仰者に、うぬぼれ、傲慢になり、あるいは不遜にならないで、畏れを懐き、宝を失わないように祈るようにと、教え、かつ、警告します。またそのような真剣な訓戒は真にわたしたちを覚醒させ、熱心に祈るように励まします。というのも預言者であった聖なるダビデは、あらゆる神的な知恵と認識によって大いに照らされており、多くの偉大な輝かしい神の賜物に恵まれており、自分がそのような神の祝福に留まることができますようにと、しばしばとても真剣に祈ったからです。そこでダビデと比べると全く空しく、その上世の終わり——それはキリストと使徒たちが言っているように、身の毛のよだつ恐ろしい時なのです——まで生きる、わたしたちにふさわしいことは、目覚めており、熱心と勤勉のすべてを尽くして、命のあるかぎり主の家に留まること、つまり神の言葉を聞くこと、先に〔本書四五頁（一七三頁）で〕示したように御言葉によって多くの種類の祝福を受け、そこに世が終わるまで留まることができますようにと祈ることです。わたしたちの唯一の羊飼いにして救い主であるキリストが、それをわたしたちに賜りますように。アーメン。

解説

本書はルターの完成期に行われた詩編講解の中から三編を選んで訳出したものです。彼はその初期にウィッテンベルク大学で聖書学を担当し、まずその有名な聖書講義で詩編の全編を講解し、『第一回詩編講義』（一五一三―一五一五）を出版しました。これに続けて名高い『ローマ書の講義』（一五一五―一五一六）に移り、この書で宗教改革的な認識を確立しましたが、出版しなかったので四〇〇年の永きにわたってバチカンの図書館に埋もれておりました。彼はその後宗教改革運動に入っていくのですが、それでも詩編講解を続け『第二回詩編講義』（一五一九）に向かいました。ところがこの講義はルターがボルムスの国会（一五二〇）に招聘され、その後ワルトブルク城に隠れて暮らすようになり、わずか二二編の講義で中断してしまいました。それでも彼は詩編の全編を完全に暗記するほど習熟しておりましたので、その後いくつかの詩編を断片的に講解し続け、比較的小規模の単行本という形で出版し続けました。

この完成期に行われた詩編の講解が余りにも優れていたので、その中からわたしは詩編九〇編（『生と死の講話』知泉書館、二〇〇七）、五一編（『主よ、あわれみたまえ』教文館、二〇〇八）、四五編（『心からわき出た美しい言葉』教文館、二〇一〇）の三つの詩編を続けて翻訳し、出版しました。今回は新たにさらに比較的小規模の三つの詩編講解を選んで翻訳しました。それが本書で訳出した第一編と、第八編、第二三編です。

わたしがこの三つの詩編講解を選んだのは、わたしたちが旧約聖書にある詩編を愛読するとき、この三つの詩編が一般に愛唱されているからです。この時期には他にも優れたルターの詩編講解がいくつかあり、選択に迷ったのですが、一般のキリスト教徒に親しまれているものを選び、わたしたちが座右に置いて毎日のように愛読するために訳してみました。

その中でも一番親しみやすいのは詩編第一編ですが、ルターの完成期には『第二回詩編講義』のなかでしかこの第一編は講解されません。この講解は昔からカルヴァー版『ルター著作集』に含まれており、しかも章節に分けて内容が分かりやすく解説されており、一般にもよく読まれておりました。それに対し第八編はルターの聖書解釈の心髄を見事に表現しており、予想されるような人間論ではなく、実は彼のキリスト論が見事に展開しております。このようになったのは、ルターが中世の聖書解釈の方法にしたがって、詩編はキリストのことが説き明かされており、そのキリストは試練を受けている信徒に「転義的」に適用されると信じていたからです。

このことはルターの『第一回詩編講義』の最初のところを読むと彼の詩編の講解方法が説かれているので、この点を少し説明したいと思います。

一　詩編解釈の方法

ルターは『第一回詩編講義』の序文で中世から発展してきた聖書解釈の方法を詩編に適用し、人間の在り方を聖書の転義的解釈によって捉えようとしました。中世以来の伝統にしたがうと、詩編はキリストを示す預言と考えられており、預言的・文字的意味はキリストをめざしているため、詩編を単に字義的に、もしくは歴史的意味に限定する場合にはその意味が失われる、と彼はみなしており、キリストを語っている詩編の理解は次のようになると言います。つまり字義的には(ad litteram)イエス・キリストの人格について予言的に解釈し、比喩的には(allegorice)教会を意味し、「同じことは同時に転義的にすべての霊的にして内的な人間に関して、その肉的にして外的な人間との対立において、理解されなければならない」(WA. 3, 13, 16f.)と説きました。したがって、詩編講解においてルターは字義的にはキリストを、転義的には人間(つまり内的人間と外的人間との葛藤の直中にある人間)を指すものとみなし、キリストの出来事を転義的に解釈しました。したがって詩編の言葉は「文字的には敵なるユダヤ人たちから受けたキリストの悲嘆であるが、比喩的には暴君や異端者から受けた教会の悲嘆と告発である。だが、転義的解釈(tropologia)では試練の中で発せられた信仰者と痛める霊との悲嘆もしくは祈りである」(WA. 3, 13, 28ff.)と主張しました。この転義的解釈の規則について次のように語られます。

実際、転義的解釈には次の規則がある。キリストが詩編の中で文字通り身体的苦痛にとって大声で嘆き祈っているところではどこでも、その同じ言葉の下でキリストにより生まれ教えられたすべての信仰ある魂が嘆き祈っており、自己が罪にあって試されているか、それとも転落しているかを認めているということである（WA. 3, 167, 21ff.）。

このようなキリスト論的で同時に転義的な詩編解釈が初期のルター神学にとって重要な意義をもっていました。しかも中世において転義的解釈が「道徳的には、あなたが行うべきこと」という道徳的当為を問題にしているのに対し、ルターにおいては神の前における人間の在り方が問われ、主体的にして宣教的な意義が転義的解釈により説かれました。[1] そこにはエーベリンクが言うように、「神の行為と実存の自己理解とが分離しえない相関関係に立っている」[2]といえます。

この解釈が詩編第八編に全面的に適用され、ルターのキリスト論が詳しく語られるようになったのです。わたしたちの信仰の対象であるキリストをこれほど詳細に、しかも分かり易く説いているものはルターの他の著作にはありません。

二　省察の意義

次に詩編第一編に見られるルター独自の思索について考えてみましょう。この詩編では「主の教え」である神の律法を「昼も夜も省察する」、つまり日ごとに深く思うことの重要性が説かれていますが、そこにルターの特有な思想が説かれています。それは若き日より説き明かしてきた「省察」であって、この第一編の講解では次のように見事に表明されています。

「省察する」(meditari)と言われていることは、詩編三七編三〇節「正しい人の舌は知恵に取り組む」とあるように、論じること、討論すること、言葉を尽くして表明することを意味します。それゆえ聖アウグスティヌスはそれを訳すときに「さえずる」という言葉を用いていますが、それは見事な比喩と言えましょう。なぜなら鳥のさえずりがなすべき仕事であるように、人間(その固有の義務は話し合うことである)のなすべき仕事は、主の律法と対話することですから。ところがこの詩人は、「省察する」をこのように理解して、「あなたは森の歌を繊細な葦笛で奏でる」と言います(本書二九頁)。

わたしたちにはこの言葉の力と繊細さをよく表現できませんが、ルターによると「省察は、第一に律法の言葉を熱心に観察することから、次にさまざまな聖書の箇所を相互に比較することから、成立しています」(同上)。たとえば「あなたは殺してはならない」(出二〇・一三を参照)という戒めをいい加減に見過ごすならば、冷たい言葉となります。文字の響きにしたがうなら、殺人行為だけが禁じられているようです。そこではあなたは手でも舌でも意志でも殺してはならないと、教えられていませんか。この命令はあなたの隣人にやさしく、親切でなければならない、と言っているのです。「そこで聖書のなんと多くの箇所が愛・温和・甘美・善意・親切・慈悲について教えているかを調べてみなさい。もしあなたがこれらを引き合わせるなら、あなたは主の律法を美しくさえずり、省察しているのではないでしょうか」（本書三〇頁）。

こうしてこの第一編の講解は「昼も夜も主の律法を省察する」ことの意義を見事に説き明かしています。

三 「慰めの詩編」

さらにルターは「主はわたしの羊飼いです」という詩編二三編について驚くほどの熱意をもって講解しています。これは夕食後に祈りをもってはじめられた短い講話でしたが、これよりも優れた「慰めの書」がないほどに優れた内容が展開しています。しかもその背景には彼の永きにわたる宗教改革者としての試練と苦闘が背景となっています。講話の末尾にこのことに触れて、次のように彼は語っています。

こういう方法でわたしも神の恩恵によってここ一八年の間過ごしてきました。わたしはいつもわたしの敵を怒らせ、脅し、悪口を言わせ、わたしを断罪させ、休むことなくわたしに反対して協議させ、多くの悪しき策略を考えさせ、さまざまな破廉恥な行為を行使させてきました。どのように彼らがわたしを殺し、わたしの教え、そうです神の教えを根絶させようかと、不安に戦きながら気づかうようにさせたのです。それに加えてわたしは快活で（あるときは他のときよりも）上機嫌であって、彼らの騒ぎや暴威をひどく気にしないで、慰めの杖にすがりついて主の食卓を見つけたのでした。つまり、わたしはわたしたちの主なる神にわたしの為すべきこと――そこへと神はわたしをわたしの意志と計画を一切考慮しないで導き入れたのです――を委ねたのです。またその間にわたしは神に主の祈りや詩編を唱えました。これがわたしの武具甲冑のすべてであって、これによってわたしはこれまでわたしの敵どもから身を守ってきたばかりか、神の恩恵によって多くのことを遂行してきたので、わたしが歩んできた後を振り返って、教皇制ではどのような状態にあるかを考えてみると、事態がこんなにも展開してきたことに心から驚かざるを得ません（本書一九七―九八頁）。

わたしたちもルターと同じように信仰の生活を死のきわに至るまで続けたいと願わざるを得ません。

終わりに翻訳に際して使用したテキストを挙げておきます。

第一編のテキストはワイマル版『ルター全集』第五巻、二〇〇三年、二六―四七頁を用い、ドイツ語訳では Calwer Luther-Ausgabe 7, Aus den Arbeiten zu den Psalm 1519, 1967, S. 159-201と『ルター著作集』第二集の第三巻（リトン、二〇〇九年）所収の竹原創一訳『第二回詩編講義』二〇―五九頁をも参照した。

第八編のテキストは前掲書『ルター全集』第四五巻、一九一一年、二〇四―二五〇頁を用い、ヴァルヒ版第五巻一八八―二三七頁のドイツ語訳を参照した。さらにヤロスローフ・ペリカンの英訳 (Luther's Work, vol. 12, pp. 98-136) をも参照した。

第二三編のテキストは前掲書『ルター全集』第五一巻、二六七―二九五頁を用い、ヴァルヒ版第五巻二五四―二九一頁のドイツ語訳を参照し、この編に付けた項の記号はこの訳から採用した。さらにミラーの英語訳 (Luther's Work, vol. 12, pp. 147-179) をも参照した。

---

(1) R. Prenter, Der barmherzige Richter, 1961, S. 121.

(2) G. Ebeling, Luther, 1964, S. 65f.

《訳者紹介》

金子晴勇（かねこ・はるお）

1932 年静岡県生まれ。1962年京都大学大学院文学研究科博士課程修了。文学博士（京都大学）。岡山大学名誉教授、聖学院大学総合研究所名誉教授。

著書　『キリスト教倫理学入門』『ヨーロッパの思想文化』『人間学から見た霊性』『ルターの霊性思想』『教育改革者ルター』（以上、教文館）、『ルターの人間学』、『アウグスティヌスの人間学』（以上、創文社）、『宗教改革的認識とは何か』（知泉書館）、『エラスムスとルター』（聖学院大学出版会）、『宗教改革の精神』（講談社学術文庫）ほか多数。

訳書　ルター『主よ、あわれみたまえ』『心からわき出た美しい言葉』、アウグスティヌス『神の国』（上下）『アウグスティヌス神学著作集』（以上、教文館）ほか多数。

主はわたしの羊飼い――詩編1編、8編、23編の講解

2021年9月30日　初版発行

訳　者　金子晴勇

発行者　渡部　満

発行所　株式会社　教文館

〒104-0061　東京都中央区銀座4-5-1　電話 03(3561)5549　FAX 03(5250)5107

URL　http://www.kyobunkwan.co.jp/publishing/

印刷所　モリモト印刷株式会社

配給元　日キ販　〒162-0814　東京都新宿区新小川町9-1

電話 03(3260)5670　FAX 03(3260)5637

ISBN 978-4-7642-6748-0　　Printed in Japan